MONTCALM

ET

LE CANADA FRANÇAIS

MONTCALM, NÉ A CANDIAC, TUÉ A QUÉBEC (1727-1759)

(d'après une gravure du temps).

BIBLIOTHÈQUE
DES ÉCOLES ET DES FAMILLES

MONTCALM

ET

LE CANADA FRANÇAIS

PAR

CHARLES DE BONNECHOSE

ESSAI HISTORIQUE

COURONNÉ PAR L'ACADÉMIE FRANÇAISE

SEPTIÈME ÉDITION

PARIS
LIBRAIRIE HACHETTE ET Cⁱᴱ
79, BOULEVARD SAINT-GERMAIN, 79

1888

Droits de traduction et de reproduction réservés.

MONTCALM

ET

LE CANADA FRANÇAIS [1]

Vers la fin de l'année 1870, dans l'assemblée des Artisans de Montréal, un sujet de la reine d'Angleterre finissait ainsi son discours d'ouverture des classes du soir : « Et si quelqu'un veut savoir maintenant jusqu'à quel point nous sommes Français, je lui dirai : Allez dans les villes, allez dans les campagnes, adressez-vous au plus humble d'entre nous et racontez-lui les péripéties de cette lutte gigantesque qui fixe l'attention du monde ; annoncez-lui que la

---

1. Le lecteur sait que le Canada, notre ancienne colonie continentale de l'Amérique du Nord, conquis par les Anglais au siècle dernier, fait encore partie des possessions britanniques. Malgré la complète séparation de la colonie et de la mère-patrie, la langue, les mœurs, et les lois civiles de la France sont restées vivantes sur toute une partie du territoire américain. Cette région, arrosée par le Saint-Laurent inférieur, porte le nom de Bas-Canada et a pour villes principales Québec et Montréal.

France a été vaincue; puis mettez la main sur sa poitrine et dites-moi ce qui peut faire battre son cœur aussi fort, si ce n'est l'amour de la patrie. »

L'invincible attachement de la race franco-canadienne à la mère-patrie fut toujours connu : on savait que le temps, la distance, la domination étrangère n'avaient pu bannir la vieille France de la mémoire de ce pays qui, seul entre toutes nos colonies, porta le nom si doux, le nom si plein d'avenir et si décevant de *Nouvelle-France*. Mais quel témoignage eût valu celui de cette instinctive douleur, éveillée par nos malheurs mêmes, et qui révéla peut-être à plus d'un Canadien, jusqu'alors insouciant de son origine, quel sang coulait dans ses veines.

Hélas! qui l'oublie? Depuis cette première séparation, d'autres pays aimés nous ont été ravis; d'autres lambeaux de notre chair nous ont été arrachés pour payer un inexorable créancier. La patrie a connu de nouveaux adieux, de nouvelles douleurs. Mais ainsi que sur les bords du Saint-Laurent on s'est souvenu, ailleurs on se souviendra : l'image de la France vaincue reste longtemps assise au foyer de ses enfants exilés, puisque, à 1500 lieues de nos côtes, après un siècle écoulé, l'Angleterre compte encore un million de sujets dont elle n'a pu faire des Anglais.

De ce côté-ci de l'Atlantique, comment eussions-nous jamais oublié un pays où, disent nos voyageurs, notre image se reflète comme dans un miroir! Cependant l'histoire de cette cruelle séparation de la France et du Canada était peu connue. On savait en gros qu'à une triste époque de nos annales, sous le règne de Louis XV, alors que les drapeaux français étaient souvent abaissés, celui de l'armée d'Amérique fut tenu haut et ferme; on savait encore que s'il tomba, lui aussi, ce fut pour servir de linceul au général de cette vaillante armée. Mais les détails de la catastrophe dans laquelle sombra notre grande colonie les péripéties de ce drame poignant, ont été longtemps ignorés.

Aujourd'hui, grâce à la publication des archives de la Guerre et de la Marine, grâce aux travaux des historiens canadiens et à la découverte d'une précieuse correspondance de famille, la lumière s'est faite, et le dévouement de Louis de Montcalm et de ses troupes nous apparaît avec une étonnante grandeur.

Pour la France, hier encore vêtue de deuil, n'est-ce pas maintenant l'heure de se souvenir, l'heure de s'incliner pieusement devant toutes les grandes victimes de l'honneur national? Qu'importe que leurs ossements aient déjà blanchi : les serviteurs fidèles qui expirèrent jadis pour la France, faisaient-ils moins que les bien-aimés de la patrie qui sont morts hier !

Avant d'aborder le sujet de cette étude, en expliquant par quel enchaînement de fautes et de malheurs le Canada fut perdu, il n'est pas inutile de rappeler au lecteur, d'après les derniers travaux historiques, ce qui a précédé dans ce pays la conquête anglaise.

Un point surtout mérite l'attention. C'est l'origine assez obscure de la fatale querelle qui nous coûta notre colonie nationale. On sait que la guerre de Sept Ans eut l'Amérique pour berceau, mais on peut ignorer comment elle naquit : sera-ce une consolation de savoir que jamais notre pays ne fut plus provoqué, plus menacé, et qu'en vérité nos adversaires abusèrent de la permission accordée à Fontenoy quand, en les saluant, on leur avait dit : « Messieurs les Anglais, tirez les premiers ! »

CHAPITRE PREMIER

En jetant les yeux sur les vieilles cartes de l'Amérique septentrionale, dressées, il y a deux siècles, par les Delisle, on est frappé d'étonnement de voir qu'à cette époque les deux tiers de ce continent appartenaient à la France. Dans un coin de l'immense espace enfermé entre les terres arctiques et la frontière du Mexique, voici, sur le bord de la mer Atlantique et en dedans du demi-cercle décrit par les monts Alleghanys ou Apalaches, le petit groupe des colonies anglaises, noyau des futurs États-Unis ; le reste, tout le reste, sauf la Floride encore aux Espagnols, était à nos pères, aux compatriotes des Cartier, des Champlain, des Marquette et des Cavelier de la Salle.

Un peu diminuée par les cessions exigées lors de la paix d'Utrecht, notre colonie du continent américain était encore, au milieu du XVIIIe siècle, grande comme la moitié de l'Europe. A l'ouest et au sud, la Louisiane, c'est-à-dire tout le bassin du Mississipi entre les Alleghanys et les Montagnes Rocheuses ; au nord, le Canada et le Labrador, constituaient le nouveau monde français. Sans doute, rien à cette époque, dans nos vastes possessions méridionales, n'eût fait prévoir leurs merveilleuses et prochaines destinées. La Louisiane ne comptait qu'une ville, la Nouvelle-Orléans, et en remontant vers l'ouest les rives du

Mississipi, on ne rencontrait que des établissements clairsemés, jalons de l'avenir au milieu des déserts. Cependant une ligne de postes militaires reliait nos possessions du Midi à celles du Nord, la Louisiane à la Nouvelle-France, les deux colonies sœurs, appelées en cas de danger à se prêter un appui mutuel : à vrai dire, la civilisation n'était assise que dans le Canada, dont la capitale était Québec.

Exploré, en 1535, par « un chercheur de mondes », Jacques Cartier, de Saint-Malo, colonisé dans les premières années du XVII siècle par Samuel de Champlain, le Canada avait reçu de Henri IV le nom de *Nouvelle-France*. Sous le règne de Louis XIV, la main du grand Colbert donna à la colonisation une vigoureuse impulsion, encore sensible cinquante ans plus tard. Des relations étroites se nouèrent entre la colonie et la Métropole; la coutume de Paris [1] devint le code du pays. Deux villes neuves, Montréal et Trois-Rivières, s'élevèrent le long de l'immense fleuve Saint-Laurent [2], au-dessus de Québec fondé par Champlain en 1608. La Nouvelle-France, administrée comme une province du royaume, avait alors pour gouverneur un lieutenant général, le vaillant comte de Frontenac, et pour intendant un homme d'État éminent, J.-B. Talon, petit-neveu du célèbre magistrat Omer Talon. Enfin, en 1671, on créa à Québec un évêché, dont le premier titulaire fut un Montmorency-Laval.

C'était un beau fleuron de la couronne de France que le Canada, avec ses trois villes et ses florissants

---

1. On appelle *coutume* la législation qui, suivant l'ancien droit, s'était introduite par l'usage (la coutume) dans certaines villes ou provinces de la France.
2. Pour la description du Saint-Laurent voir l'appendice p. 180.

SAMUEL DE CHAMPLAIN,

Fondateur et premier gouverneur de la colonie de la Nouvelle-France, né à Brouage, en Saintonge.

villages semés sur les rives du Saint-Laurent, avec ses forteresses, ses comptoirs, sa flotte, ses pêcheries, ses entrepôts regorgeant de toutes les pelleteries de la baie d'Hudson, et sa ceinture de peuplades amies ou soumises. Et puis, là, quel amour pour la mère-patrie! Dans ce pays, sans passé historique, sur cette terre vierge à peine effleurée par les pas errants de quelques tribus sauvages, rien n'existait qui ne fût français. Pas une maison qui n'eût été bâtie, pas un champ qui n'eût été défriché par des mains gauloises : tout y était né par la France, tout y vivait pour elle. C'était bien moins une colonie qu'une province d'outre-mer, ou plutôt c'était la Nouvelle-France [1].

A peine naissante, notre conquête nous fut disputée par d'autres colons européens, d'abord des Hollandais, puis des Anglais; et les anciens maîtres de ces grèves et de ces bois, les sauvages vengés, contemplèrent, d'un œil étonné et joyeux, « les visages pâles [2] » venant de si loin à travers « le grand lac [3] » pour s'égorger sous les érables des forêts américaines. A la paix de Saint-Germain, en 1632, Richelieu se fit rendre l'Acadie et le Canada que l'Angleterre avait conquis une première fois. La guerre dite de la ligue d'Augsbourg, que Louis XIV soutint

---

1. Nous sommes heureux de reconnaître que la ville de Paris vient d'honorer la mémoire des grands hommes de notre colonie nationale en donnant à des rues nouvelles les noms de Jacques Cartier, de Champlain et de Montcalm. Une autre voie publique a reçu, en 1877, le nom de rue « *du Canada* ». Jusqu'alors, la caserne de la *Nouvelle-France*, au bout du faubourg Poissonnière, bâtie au milieu du vaste emplacement qui, pendant un siècle, avait porté le nom de quartier de la *Nouvelle-France*, rappelait seule, à Paris, le souvenir de la colonie.

2. Nom par lequel les Peaux-Rouges de l'Amérique désignent les Européens.

3. « La mer », dans la langue des sauvages du Canada.

contre une formidable coalition, ensanglanta le territoire de la colonie sans rien changer aux délimitations des frontières; c'est l'époque des grands exploits du chevalier d'Yberville, l'intrépide marin, et du comte de Frontenac, ce gouverneur de la Nouvelle-France qui, sommé, en 1690, de rendre Québec aux Anglais, répondait, suivant son mot, « par la bouche de ses canons ». Malheureusement la guerre de la succession d'Espagne eut des conséquences plus fatales : le traité d'Utrecht, qui mit fin à la lutte, nous enleva les contours de la baie d'Hudson, l'île de Terre-Neuve, et, à l'entrée du golfe Saint-Laurent, la fertile Acadie. L'Acadie, quel souvenir touchant de fidélité et de malheur son nom réveille! Elle était la plus ancienne de nos colonies françaises en Amérique : son peuple naïf, aux mœurs patriarcales, coupable seulement de ne pas haïr la France, la terre des aïeux, était suspect au maître étranger. Déporter ces laboureurs et ces pasteurs ne le rassurait pas assez : il fallait les disperser. Un jour de l'année 1755, il y avait un demi-siècle que les Acadiens obéissaient docilement à l'Angleterre, on les rassemble par cantons comme de vastes troupeaux : ce qui put s'échapper s'enfuit dans les forêts, mais le reste, au nombre de 12 000, hommes, femmes et enfants, est embarqué sur des navires anglais, puis jeté au hasard sur les côtes des deux Amériques : la mère ici, là le père, les enfants partout.

Pauvre Acadie, son nom même a disparu sous celui de Nouvelle-Écosse : de sa ville, Port-Royal, les Anglais, sujets de la reine Anne, ont fait Anapolis, et la baie française est devenue la baie de Fundy. Ainsi tout a changé de nom, la terre et l'eau; seul le rapt d'un peuple innocent s'appelle et s'applelera partout de même, car la conscience de l'humanité ne parle qu'une langue[1].

Le contre-coup d'une dernière conflagration européenne, soulevée par la guerre de la succession d'Autriche, avait de nouveau bouleversé les deux colonies voisines, quand intervint, en 1748, le traité d'Aix-la-Chapelle, qui stipula qu'en Amérique toutes choses seraient rétablies sur le même pied qu'avant les hostilités.

Chacune de ces luttes, sans cesse renaissantes, remettait aux prises les colons des nations ennemies; mais, à défaut des querelles séculaires des deux couronnes, la rivalité des races et des religions aurait suffi, et au delà, pour pousser les uns contre les autres Anglo-Américains et Canadiens, alors même que les intérêts matériels n'eussent pas été opposés. C'était dans la traite des fourrures récoltées par les trappeurs ou achetées aux Indiens et revendues en Europe que la rivalité commerciale des deux peuples éclatait davantage. — Les Canadiens, jadis maîtres de ce magnifique marché, voyaient avec irritation grandir la concurrence, surtout pour les castors, dont les villages étaient, à cette époque, si nombreux sur les cours d'eau de l'Amérique du Nord. Les Anglais, de leur côté, se trouvaient encore mal partagés.

---

1. Beaucoup des Acadiens qui s'étaient évadés rentrèrent dans leur pays après de longues années d'exil : ils trouvèrent entre des mains étrangères les champs que leurs pères avaient défrichés, et se remirent à l'œuvre pour cultiver les terres dédaignées par les vainqueurs. Leurs descendants sont aujourd'hui répartis dans le Nouveau-Brunswick, la Nouvelle-Écosse, l'île du Prince-Édouard et l'île du Cap-Breton, tous catholiques, ne parlant que la langue française et ne se mariant qu'entre eux. Sous le titre de *Une colonie féodale en Amérique*, M. Rameau a publié récemment une histoire complète de cet intéressant pays.

UN VILLAGE DE CASTORS.

Avec tant de causes de haine réciproque, il n'était pas douteux que la paix au delà de l'Atlantique ne serait qu'une trêve en deçà, et que, tôt ou tard, les colonies britanniques, vingt fois plus peuplées, abuseraient de leur force pour jeter au fond du Saint-Laurent la colonie rivale. La flamme couvait en Amérique sous les traités de paix européens et allait bientôt les dévorer.

Parmi toutes les luttes entre la France et l'Angleterre, la guerre de Sept Ans, dont la conquête du Canada fut un épisode, présente à ses débuts un côté original; les gouvernements ne donnèrent pas le signal des hostilités, et les deux nations, la France du moins, furent conduites malgré elle dans l'arène déjà ensanglantée. La guerre naquit au loin d'une espèce de génération spontanée; elle sortit tout armée du sol américain.

Nous avons dit plus haut que, d'après le traité d'Aix-la-Chapelle, les choses devaient être remises en Amérique sur le même pied qu'avant la guerre; dans ce continent, si vaste qu'on n'en connaissait pas encore les bornes, et dont un coin à peine était peuplé, on trouva le moyen de se disputer quelques lieues carrées. Quelles étaient les véritables frontières de l'Acadie, cédée à l'Angleterre par la paix d'Utrecht? Cette délimitation fut le premier prétexte de querelle entre les deux colonies. Mais là n'était pas la question brûlante; la véritable partie, celle dont l'enjeu fut le Canada, se jouait sur les bords de l'Ohio.

Le lecteur sait que la chaîne des monts Alleghanys, ou Apalaches, était la frontière naturelle des possessions anglaises, qu'elle séparait des nôtres aussi nettement que les Pyrénées isolent l'Espagne de la

France. Du haut des rochers stériles de leurs montagnes, les colons anglo-américains avaient entrevu à leurs pieds, du côté de l'Occident, des espaces sans fin et un océan de verdure : c'était l'Ouest[1], tel qu'il apparaissait alors dans l'éclat et la fraîcheur de son premier réveil, « avec ses prairies vierges, couvertes de seigle sauvage, d'herbes bleues et de trèfle blanc, au milieu desquelles paissaient ensemble des troupeaux de buffles ». C'était l'Ouest « avec ses campagnes ouvertes, plantées d'arbres fruitiers et délicieusement arrosées par des cours d'eau ». Entre tous les paysages de cette terre enchantée, s'il en est un riant et plantureux, c'est l'immense vallée au fond de laquelle coulent, pendant trois cents lieues, vers le Mississipi, les eaux de l'Ohio ou « la Belle-Rivière ».

A qui, de la France ou de l'Angleterre, appartenait cette vallée ? Il faudrait, pour éclaircir ce point, exposer la théorie des principes qui en Amérique, réglèrent entre Européens le droit de souveraineté, et d'après lesquels la propriété d'un territoire résultait de l'exploration suivie d'une possession effective. C'était, depuis soixante-dix ans, le cas des Français sur les rives de l'Ohio, et la vallée qui commence près du lac Érié et aboutit au Mississipi était devenue pour eux la plus courte voie de communication entre le Canada et la Louisiane. Mais, sous prétexte qu'en 1496 le Vénitien Sébastien Cabot, naviguant pour le compte de Henri VII, roi d'Angleterre, aurait longé

---

[1] Au commencement de la colonisation, les Anglo-Américains désignèrent sous le nom de *l'Ouest* toute la région à peine explorée qui s'étendait à l'occident des monts Alleghanys. Ce nom primitif est resté en vigueur dans la langue américaine, bien que la plus grande partie de l'Ouest connu au XVIII° siècle forme aujourd'hui les États du centre des États-Unis.

la côte orientale de l'Amérique, les Anglais qui, de ce côté, n'avaient jamais posé le pied au delà des Alleghanys, prétendirent, vers le milieu du siècle dernier, à la propriété de la vallée de l'Ohio [1]. Parlons net : l'invasion de ce territoire ne fut pas une question de droit, mais elle fut peut-être une loi de nécessité, une condition de vie ou de mort pour les futurs États-Unis. Thomas Ponwal, un des gouverneurs des colonies anglaises, l'avouait franchement quand il disait, dans un mémoire adressé à son gouvernement : « Un établissement dans la vallée de l'Ohio donnera de la force et de l'unité à notre empire d'Amérique et nous assurera la possession du pays. Mais par-dessus tout, la chose est nécessaire : les plantations anglaises sont à bout; elles sont colonisées jusqu'aux montagnes. »

L'Ouest, c'était l'avenir.

Les planteurs de la Virginie[2], province à laquelle, en vertu de droits imaginaires, on prétendait rattacher le territoire convoité, commencèrent par créer une association de défrichements qui prit le nom de Compagnie de l'Ohio et obtint, en 1750, du gouvernement britannique, soi-disant propriétaire, la concession de 600 000 acres de terre à prendre dans la vallée.

Cette même année, la nouvelle compagnie lança des agents de l'autre côté des Alleghanys, avec mis-

1. Les Anglais, d'ailleurs, sentaient si bien que le droit qu'ils invoquaient n'existait pas, qu'ils essayèrent de s'en créer un autre, mais le nouveau titre fut encore moins sérieux que le premier. En effet, M. Bancroft, l'historien des États-Unis, raconte qu'en 1744, moyennant 400 livres sterling, les députés des cinq nations Iroquoises et les Tuscaroras reconnurent le droit du roi d'Angleterre « à la propriété de toutes les terres qui sont ou doivent être comprises dans la colonie de la Virginie, *d'après la désignation de Sa Majesté* ».

2. Une des plus anciennes colonies ou plantations des Anglais en Amérique. Walter Raleigh y forma les premiers établissements en 1584.

sion de soulever contre les Français les peuplades sauvages de ce pays, Iroquois, Miamis, Mingos, Delawares.

« Nos chefs ont levé la hache de guerre, nous avons tué et mangé dix Français et deux de leurs nègres; nous sommes vos frères, venez à notre aide : les Français ont chanté leur chanson de guerre. » Voilà ce que bientôt, en apportant un collier de wampum, une chevelure fraîchement scalpée et un calumet orné de plumes, l'envoyé des Miamis venait dire au gouverneur, l'habile Dinwiddie, qui menait l'affaire. La Virginie, avec des Peaux-Rouges pour avant-garde et sentant derrière elle toutes les autres colonies, n'hésita plus : elle ouvrit une route à travers les défilés des montagnes et envoya des ouvriers pour construire un fort à la fourche formée par la rivière des Alleghanys et par la Monogahéla, quand, en se réunissant, elles donnent naissance à l'Ohio. La marche du peuple anglo-américain commençait vers l'Ouest : elle ne devait plus s'arrêter, avant que les pionniers du nouveau monde n'eussent atteint les rivages alors ignorés de l'océan Pacifique.

Les Français, de leur côté, prenant les devants, construisirent eux-mêmes, à la place et sur les plans adoptés par la Compagnie Virginienne, un fort auquel on donna le nom de Duquesne, alors gouverneur de la Nouvelle-France; c'est là que s'élève aujourd'hui la vaste ville de Pittsburg. Désormais les évènements vont grandir et se précipiter.

A la nouvelle des travaux exécutés à la fourche de l'Ohio, un régiment de volontaires américains, qui se tenait aux ordres d'un ardent jeune homme de vingt-deux ans, lieutenant-colonel dans les milices virginiennes, descend avec des canons dans la vallée.

Grossi par des guerriers Mingos, le corps expéditionnaire marche sur le nouveau fort. Le 28 mai 1754, date fatale dans l'histoire commune des États-Unis et de la France, un feu de peloton, au lever du soleil, retentit dans les « Grandes-Prairies » : une petite troupe française vient d'être surprise au bivouac, et les trente hommes qui la composent ont été, sans sommation, tués ou faits prisonniers. Au milieu du feu, un des Français avait essayé de donner lecture d'un papier; il était tombé mort sur les cadavres de ses compagnons. C'était un officier nommé Villiers de Jumonville, envoyé comme parlementaire à la rencontre des Anglais. Ceux-ci, après leur triste victoire, se retirent derrière les remparts du fort de la Nécessité, construit sur le bord de la Monogahéla. La vengeance court sur leurs pas : avec six cents Canadiens, le frère de Jumonville se rue sur le fort et écrase ses défenseurs sous une dure capitulation, au bas de laquelle le chef de l'expédition virginienne, appose comme signature le nom alors inconnu de « Georges Washington ».

Malgré cette fâcheuse entrée en campagne, les Anglo-Américains pouvaient se féliciter : ils avaient atteint le but poursuivi par eux depuis dix ans, la trouée était faite, il n'y avait plus d'Alleghanys. L'honneur national des deux métropoles engagé dans l'engrenage ainsi mis en mouvement n'en sortira plus qu'avec des flots de sang : la question de l'Ouest était posée.

Les coups de feu tirés en pleine paix dans les « Grandes Prairies » avaient retenti de l'autre côté de l'Atlantique; les deux nations rivales tressaillirent, l'une d'indignation, l'autre de joie, car l'Angleterre souhaitait une nouvelle guerre qui lui permît d'achever la destruction de la marine française.

TROIS BATIMENTS FRANÇAIS ATTAQUÉS EN VUE DE TERRE-NEUVE.

Chacun des deux gouvernements se mit à l'œuvre pour soutenir sous main ses colons. Pendant que l'Angleterre envoyait en Amérique le général Braddock avec deux nouveaux régiments, on embarquait à Brest, pour Québec, 3000 hommes de bonnes troupes. En vue de Terre-Neuve, trois bâtiments français, qui s'étaient séparés du gros de l'escadre, furent accostés, le 8 juin 1755, par la flotte anglaise, et à bout portant, sans signal, criblés de boulets.

Cependant la paix officielle durait toujours. Bientôt toute la frontière du Canada fut en feu. Les forts, construits par les Français en travers de l'isthme de la presqu'île Acadienne, furent enlevés par les Anglais. Dans la vallée de l'Ohio, Braddock et ses deux régiments marchaient sur le fort Duquesne, quand ils furent attaqués au milieu des bois par une poignée de Canadiens et par six cents sauvages leurs alliés. Les deux tiers du corps d'expédition, le général et tout son état-major périrent; il n'échappa qu'un officier, Georges Washington. C'est la rencontre qui a pris dans l'histoire le nom de bataille de la Belle-Rivière ou de l'Ohio (9 juillet 1755). Sur le lac Champlain [1], la fortune nous fut moins favorable; les opérations de ce côté étaient dirigées par le commandant en chef des troupes françaises en Canada, le baron de Dieskau. C'était un ami du maréchal de Saxe, mais, comme talents militaires, il n'avait rien acquis dans le commerce de ce grand

---

1. Le lac Champlain, dont il sera souvent question dans le cours de ce récit, fut découvert par l'illustre navigateur dont il porte le nom. Il a 170 k. de longueur sur 25 de largeur et s'étend entre le Canada et les États-Unis. Après avoir reçu les eaux du lac George ou lac du Saint-Sacrement, il se décharge dans le Saint-Laurent par une rivière nommée tantôt le Richelieu, tantôt le Chambly. A l'extrémité sud du Champlain se trouvait le fort Carillon, bâti par les Français, et qui fut le théâtre de plusieurs combats. Voir la carte n° 2.

BATAILLE DE LA BELLE-RIVIÈRE.

capitaine. Le 11 septembre 1755, il se fit maladroitement battre, blesser et prendre, près du lac Saint-Sacrement, par les milices de la Nouvelle-Angleterre.

En Europe, la paix durait toujours; situation étrange, peut-être unique dans l'histoire. Depuis deux années, le sang anglais et français rougissait l'herbe des forêts d'Amérique, et les ambassadeurs des deux nations étaient de toutes les fêtes à Versailles et à Saint-James. Hélas! le gouvernement français, qui sentait son incurable faiblesse, se rattachait désespérément même à une ombre de paix. Mais un jour, « au mépris du droit des gens, de la foi des traités et des coutumes des nations civilisées », à un signal parti de l'amirauté de Londres, de tous les coins de l'horizon, les vaisseaux anglais fondent sur nos navires de commerce et de guerre, sur nos bateaux pêcheurs, sur nos baleiniers, sur nos caboteurs. En un mois, 300 bâtiments avec 8000 hommes d'équipage tombaient au pouvoir de l'ennemi et étaient remorqués en triomphe dans les ports de la Grande-Bretagne. Le glorieux écusson de l'Angleterre en est resté marqué d'une tache que ne saurait laver toute l'eau de l'Océan, théâtre de ces pirateries. Louis XV, Louis XV lui-même, ressentit l'affront et redevint un instant le roi de Fontenoy. Il écrivit à George II une lettre indignée pour lui demander réparation, et cette paix mensongère, qui n'abritait que des guets-apens, fut officiellement rompue le 18 mai 1756.

Quelle était alors la situation respective des deux colonies qui allaient se mesurer dans un duel à mort? Les plantations anglaises, avec leurs 1 500 000 habitants, étaient, à cette époque, vingt fois plus peuplées que le Canada, qui n'en comptait encore que 80 000. En même temps, leur territoire, mieux rassemblé et infiniment moins vaste que celui de la Nouvelle-France, se trouvait plus facile à défendre ; il était, en outre, adossé à la mer et en communication directe avec la métropole, tandis que, depuis la perte de l'Acadie, le pays rival n'avait d'autre avenue que le Saint-Laurent. A ces avantages de la situation et du nombre, ajoutez-en un autre : les colonies britanniques étaient plus riches, plus florissantes [1]. La pénurie d'hommes, cause de notre infériorité en richesse, fut aussi celle de notre défaite. Dans une guerre soutenue contre un peuple vingt fois plus nombreux, l'issue ne peut être douteuse. Jamais lutte ne fut plus inégale, jamais les gros bataillons ne décidèrent davantage la victoire que dans la conquête du Canada français ; notre colonie ne fut pas vaincue, écrasée, mais submergée par l'invasion et, au cri de : « Vive la France ! » elle s'engloutit dans les flots avec son pavillon.

Cependant, au début des hostilités, les Canadiens possédaient sur leurs redoutables voisins un avantage, l'unité, puissante machine de guerre. Les ressources de la Nouvelle-France étaient faibles, mais elles partaient toutes d'un même centre et, dès lors, les mouvements avaient plus d'ensemble et de rapidité. Chez les Anglo-Américains, rien de tel : les treize

---

1. Ce qui manqua à la Nouvelle-France pour développer ses éléments de richesse, ce fut d'avoir 1 500 000 habitants comme les plantations voisines, au lieu de 80 000. De 1606 à 1700, c'est-à-dire pendant presque tout le dix-septième siècle, les colonies anglaises ont recueilli 100 000 émigrants anglais ou allemands, et, durant la même période, le Canada reçut seulement 5500 colons et l'Acadie 500 : semblable proportion s'est maintenue dans le siècle suivant. La race gauloise, qui possède de si précieuses qualités pour coloniser, est absolument rebelle à l'expatriation qui en est la première condition. Sous Louis XV, il fallait recourir à la violence pour peupler la Louisiane ; de nos jours, l'Algérie, presque en vue de nos côtes, manque de colons français.

colonies qui devinrent, vingt ans plus tard, les treize premiers États-Unis, étaient encore fort désunies en 1756, quoique ayant en commun certains principes religieux et politiques. Chacune d'elles avait été fondée par une charte distincte; toutes avaient des lois particulières, souvent des intérêts opposés. Les mœurs, les tempéraments et quelquefois l'origine des habitants n'étaient pas semblables[1].

La main du gouvernement britannique, écrasante dans les questions commerciales et industrielles, était légère en politique; les gouverneurs royaux laissaient, à peu près, les colonies s'administrer elles-mêmes, et ils se gardaient bien de mettre fin à des rivalités qui, en divisant les États d'outre-mer déjà trop puissants, faisaient la force de la métropole. De leur côté, les treize plantations isolées les unes des autres par tant de causes n'avaient pas encore senti le besoin de s'unir pour le triomphe de la chose publique, ou plutôt, jusqu'alors, la chose publique n'existait pas.

La nouvelle guerre fera naître et grandir l'idée fédérative et, sous la pression des évènements, tous les Anglo-Américains en arriveront à mettre en commun leurs finances, leurs soldats et leurs passions. Ce jour-là, le Canada sera perdu, mais le lendemain l'Angleterre luttera contre ses vieilles colonies d'Amérique : les États-Unis auront signé la célèbre déclaration d'indépendance du 4 juillet 1776, par laquelle ils se constitueront puissance libre et affranchie de la domination britannique.

---

1. Pour ne parler que des nationalités différentes, les Hollandais étaient les premiers colons des États de New-York et New-Jersey, qui furent d'abord connus sous le nom des Nouveaux Pays-Bas, avec la Nouvelle-Amsterdam (aujourd'hui New-York) pour capitale. Le Delaware avait été colonisé par les Suédois, et un grand nombre d'Allemands s'étaient établis en Pensylvanie.

CHAPITRE II

Versailles, 25 janvier 1756, minuit.

« Peut-être ne vous attendiez-vous plus, Monsieur,
» à recevoir de mes nouvelles au sujet de la dernière
» conversation que j'ai eue avec vous le jour que vous
» m'êtes venu dire adieu à Paris. Je n'ai pas cepen-
» dant perdu de vue un instant, depuis ce temps-là,
» l'ouverture que je vous ai faite alors, et c'est avec le
» plus grand plaisir que je vous en annonce le succès.
» Le roi a donc déterminé sur vous son choix pour
» vous charger du commandement de ses troupes
» dans l'Amérique septentrionale, et il vous honorera
» à votre départ du grade de maréchal de camp[1]. »

C'est ainsi que M. d'Argenson, un ministre qui n'avait d'autre ambition, disait-il, que de faire jouer à son pays le rôle d'un honnête homme, annonça à un colonel-brigadier, presque inconnu à la cour, sa nomination au poste laissé vacant par la triste aventure du baron de Dieskau. M. d'Argenson avait deviné en lui un des rares officiers qui, à cette époque de décadence, « se portaient encore vers le grand », selon l'expression du maréchal de Noailles.

1. Le grade de maréchal de camp correspond à celui de général de brigade.

Louis-Joseph, marquis de Montcalm, était né le 28 février 1712, au château de Candiac, près de Nîmes. Sa famille, une des plus anciennes du Rouergue, savait répandre son sang pour la France ; « la guerre, suivant un vieux dicton du pays, est le tombeau des Montcalm ».

L'éducation de l'enfant fut confiée à un maître célèbre dans l'enseignement, Louis Dumas : c'était l'inventeur du bureau typographique, curieux procédé qui, dans des mains habiles, a plus d'une fois donné de prodigieux résultats, témoin le frère cadet de Louis-Joseph, mort à sept ans, parlant l'hébreu, le grec et le latin. A peine entré dans sa quatorzième année, le jeune Montcalm quitta l'école pour l'armée, mais sans cesser l'étude. Du camp d'Otrebach, en 1734, il écrit à son père : « J'apprends l'allemand... et je lis plus de grec, grâce à la solitude, que je n'en avais lu depuis trois ou quatre ans. »

A vrai dire, ce goût des langues anciennes, il le cultivera toute sa vie : peu de lettrés ont possédé l'antiquité mieux que cet homme de guerre, qui, par ce trait, comme par une indomptable énergie, ressemble plus aux capitaines du XVIe siècle qu'à ceux de son temps.

Il fit sa première campagne avec le maréchal de Berwick déjà vieillissant, mais toujours victorieux. Quelques années plus tard, la guerre de la succession d'Autriche le conduisait en Bohême ; il connut, en 1741, le héros de l'escalade de Prague, le modeste, l'intrépide Chevert : alors se noua entre eux une étroite amitié digne de leurs grands cœurs et qui ne s'éteignit que quand l'un de ces deux cœurs eut cessé de battre[1]. De la Bohême, Montcalm passa en Italie,

---

1. Par suite d'une disposition récemment concertée entre le minis-

où il parut sur presque tous les champs de bataille ; il commandait le régiment d'Auxerrois-Infanterie lors de la défaite des Français devant Plaisance (1746) : sa carrière faillit s'arrêter là. « Nous avons eu hier,
» écrit-il à sa mère, une affaire des plus fâcheuses. Il y
» a nombre d'officiers généraux et colonels tués ou
» blessés. Je suis des derniers avec cinq coups de
» sabre. Heureusement aucun n'est dangereux, à ce
» que l'on m'assure, et je le juge par les forces qui me
» restent, quoique j'aie perdu de mon sang en abon-
» dance, ayant une artère coupée. — Mon régiment,
» que j'avais deux fois rallié, est anéanti. » L'année suivante, à peine guéri, le voici dans les Alpes, à la tête de son régiment pour le conduire à l'assaut du col d'Exilles, où le téméraire chevalier de Belle-Isle alla se faire tuer avec 4000 hommes de son armée. Dans cette affaire insensée, Montcalm reçut de nouvelles blessures.

Entre deux campagnes, il s'était marié, épousant, par hasard, la petite-nièce de ce Talon qui fut le véritable fondateur de l'administration royale en Canada. Avant d'aller mourir solitaire à quinze cents lieues des siens, il avait connu les joies du foyer domestique, mais aussi les anxiétés et les douleurs de ces saintes affections. « J'ai eu dix enfants, écrivait-il dans son journal, au commencement de 1752, il ne m'en reste que six... Dieu veuille les conserver tous et les faire prospérer et pour ce monde et pour l'autre. »

Avant d'être appelé, en 1756, au commandement envié des troupes d'Amérique, Montcalm n'avait pas encore rencontré l'*occasion*. Il était jusqu'alors in-

tre de la guerre et celui de l'instruction publique, une statue va être élevée, près des Invalides, à Chevert, l'un des hommes qui ont le plus honoré la France et ses armées.

connu. La Fortune, enfin, va lui apparaître avec un sourire, mais dans ses mains perfides elle n'apporteront au nouveau général que l'angoisse, l'abandon et la défaite. Il lui dut cependant une faveur, — la mort. — Par son immolation après des prodiges de courage, il imposa au vainqueur l'admiration du vaincu. Il eut ce suprême honneur de graver à l'une des extrémités de la terre, dans le rocher de Québec, le nom respecté de la France.

Montcalm, envoyé en Amérique, s'embarqua à Brest le 3 avril sur la frégate *la Licorne*. Comme aide de camp, il emmenait un officier de vingt-sept ans, chez qui se trouvait l'étoffe de plusieurs hommes remarquables : à dix-huit ans, il avait débuté au barreau du Parlement de Paris avec un éclat singulier ; puis, sans interrompre ses travaux sur la géométrie, qui le firent admettre un jour à l'Académie des sciences, il était entré dans l'armée. Là, Chevert discerna aussitôt ses talents et recommanda à son ami Montcalm cet extraordinaire capitaine de dragons qui, en s'embarquant pour la première fois, allait, par hasard, trouver sa véritable voie, car il était né marin : il se nommait Bougainville[1].

La seconde frégate du convoi portait un autre officier appelé également à une grande illustration, le chevalier de Lévis, depuis maréchal de France, l'élève de Montcalm et son successeur à la tête des troupes du Canada.

La Licorne, après avoir échappé à une tempête de quatre-vingt-dix heures, aux Anglais, aux brumes, aux bancs flottants de glace, déposa à Québec, le 13 mai

---

1. Le père du célèbre navigateur était notaire à Paris et devint l'un des échevins de la ville. Il avait un autre fils qui fut membre de l'Académie française et secrétaire de l'Académie des Inscriptions.

1756, Montcalm et son état-major, qui avaient occupé les loisirs de la traversée par la lecture de l'ouvrage célèbre que le Père Charlevoix venait de publier sur l'*Histoire de la Nouvelle-France.*

Trois mille huit cents hommes, tel était le chiffre officiel des troupes régulières dont le général prenait le commandement. L'année suivante, un convoi arrivé à bon port, en amena 1 500 de plus, en tout 5 300. Quatre ans après, il en restait vivants 2 200 ! Royal-Rousillon, Languedoc, La Reine, Artois, Guyenne, La Sarre, Béarn et Berry, voilà les noms, autant oubliés que les exploits, de ces vieux régiments français, qui, au bout du monde, accomplirent obscurément de si grands devoirs. A cet effectif, ajoutons 2 000 soldats des troupes de la marine, les contingents des milices canadiennes et de « nos sauvages ». Avec une telle armée, mal nourrie, à peu près sans souliers et sans solde, n'ayant guère d'autres munitions que celles prises sur l'ennemi, il fallait garder une frontière de plusieurs centaines de lieues, occuper vingt forts et faire tête partout à l'invasion, dont les forces finirent par s'élever au chiffre officiel de 60 000 hommes.

Étonnantes campagnes, dont aucune guerre d'Europe ne donne l'idée. Pour théâtre, des lacs, des fleuves, des forêts sans limites succédant à d'autres lacs, à d'autres forêts, à d'autres fleuves. Pour armées, des troupes étranges ; le highlander écossais et le grenadier de France qui porte la queue et l'habit blanc, combattent près de l'Iroquois et du Huron à la plume d'aigle. Tantôt la hache à la main, le fusil en bandoulière, les soldats de ces armées cheminent sous bois, tantôt ils portent à bras, au delà des rapides écumants, les bateaux où ils se rembarquent, et l'hiver, des raquettes aux pieds[1], la peau d'ours au dos, ils suivent, sur la neige, des traîneaux de campagne attelés de grands chiens.

Guerre remplie de surprises, de massacres, de combats corps à corps, dans laquelle les décharges de l'artillerie et le roulement des tambours répondent aux hurlements des Peaux-Rouges et aux fracas des cataractes.

La guerre du Canada a deux phases : la première, presque offensive, de 1756 à 1758 ; la seconde, toute défensive et de désespoir, de 1758 à 1760. Le théâtre des opérations se déplaça avec la fortune ; la frontière fut le premier champ de bataille : puis, quand cette ligne fut forcée par l'invasion, le Saint-Laurent devint le témoin de la lutte.

Montcalm, à peine débarqué, débuta par un coup de maître.

Sur la côte méridionale du lac Ontario, presque en face du fort de Frontenac construit sur la rive du nord, les Anglais avaient bâti, sans aucun droit, un fort nommé Chouaguen ou Oswego, qui leur avait ouvert l'accès de la grande nappe d'eau d'où sort le Saint-Laurent. « Ce poste, dit un mémoire du temps, mettait les Anglais à même d'envahir le commerce des lacs que les Français n'avaient partagé jusque-là avec aucune nation européenne et qui formait leur principale richesse. De là il était facile de couper la colonie par le centre et d'arrêter immédiatement toutes ses communications avec les postes qui en dépendent. Tous les pays d'en haut[2] et la Loui-

---

1. Machine en forme de raquette à jouer, qu'on s'attache aux pieds, pour marcher sur la neige, sans enfoncer ni glisser.
2. On appelait, à cette époque, *pays d'en haut*, les immenses plateaux semés de lacs situés au-dessus des chutes du Niagara.

L'ENTRÉE DU LAC ONTARIO.

siane entière se trouvaient ainsi complètement isolés. Les tribus sauvages de ces contrées, parmi lesquelles la France comptait des amis nombreux et fidèles, ne pouvaient plus se concerter avec elle, et le Canada devenait une conquête facile. »

Dans le premier conseil de guerre tenu depuis l'arrivée du général, on décida qu'on enlèverait cette place, et Montcalm fut chargé de l'exécution du plan.

Il fallait d'abord tromper le comte de Loudon, généralissime anglais, qui avait concentré 12 000 hommes sur les rives de l'Hudson à Albany; Chouaguen était à l'ouest de cette ville : Montcalm se transporte à l'est, au camp de Carillon, sur le lac Champlain et attire de ce côté toutes les forces anglaises. L'ennemi fourvoyé, le général, se dérobant, vole à plus de cent lieues prendre le commandement de 3000 hommes, soldats de ligne, Canadiens et sauvages qu'on a rassemblés au fort de Frontenac sur l'Ontario. Le corps d'expédition traverse le lac, débarque au pied de Chouaguen et le siège commence : il fut mené avec une célérité, un bonheur, un *brio* inouïs. Le commandant anglais tué, vingt pièces portées à bras et mises en batterie, on somma les assiégés de se rendre, en leur donnant une heure pour délibérer. « Les
» hurlements de nos Sauvages, écrit Montcalm à sa
» mère, les firent promptement se décider. Ils se sont
» rendus prisonniers de guerre au nombre de 1780,
» dont quatre-vingts officiers, deux régiments de la
» Vieille-Angleterre. Je leur ai pris cinq drapeaux,
» trois caisses militaires d'argent, cent vingt et une
» bouches à feu, y compris quarante-cinq pierriers,
» un amas de provisions pour 3000 hommes durant
» un an, six barques armées et pontées depuis quatre

» jusqu'à vingt canons. Et comme il fallait dans cette
» expédition user de la plus grande diligence pour en-
» voyer les Canadiens faire les récoltes, et ramener les
» troupes sur une autre frontière, du 15 au 21 j'ai
» démoli ou brûlé leurs trois forts, et amené artillerie,
» barques, vivres et prisonniers. »

Avant de quitter le rivage, par les ordres de Montcalm, une colonne fut dressé avec l'écusson de France et cette inscription : *Manibus date lilia plenis.* « Apportez des lys à pleines mains. »

Le 21 août, la flottille française leva l'ancre, et saluant une dernière fois l'éphémère monument de sa victoire, elle disparut au large : alors, dans la solitude infinie du rivage et des eaux, le bruit des flots sur la grève troubla seul le silence des ruines de Chouaguen.

Tandis qu'aux chants du *Te Deum* on suspendait sous les voûtes des églises de Québec, de Montréal et des Trois-Rivières, les drapeaux conquis par Montcalm, celui-ci crut devoir en quelque sorte s'excuser d'avoir vaincu, tant sa campagne était hardie. « C'est
» peut-être la première fois, écrit-il au ministre, qu'a-

» vec 3000, hommes et moins d'artillerie que l'enne-
» mi, on en a assiégé 1800, qui pouvaient être promp-
» tement secourus par 2000, et s'opposer à notre
» débarquement avec une supériorité de marine sur
» le lac Ontario. Le succès a été au delà de toute es-
» pérance. La conduite que j'ai tenue en cette circon-
» stance et les dispositions que j'avais arrêtées sont
» si fort contre les règles ordinaires, que l'audace qui
» a été mise dans cette entreprise doit passer pour de
» la témérité en Europe. En tout évènement j'aurais
» fait ma retraite, sauvé l'armée et l'honneur des
» armes du roi. Aussi je vous supplie, Monseigneur,
» pour toute grâce, d'assurer Sa Majesté que si jamais
» elle veut, comme je l'espère, m'employer dans ses
» armées, je me conduirai par des principes diffé-
» rents. »

En même temps, il adresse à la marquise de Montcalm ce preste billet : « Voilà une assez jolie aventure,
» ma très chère, je vous prie d'en faire dire une messe
» dans ma chapelle ; j'ai encore un bon bout de cam-
» pagne à faire. Je pars pour aller rejoindre avec un
» renfort de troupes le chevalier de Lévis au lac Saint-
» Sacrement, à quatre-vingts lieues d'ici. Je n'écris
» qu'à vous, à notre mère, aux Molé, à Chevert et
» aux trois ministres, à personne d'autre ; ma foi sup-
» pléez-y, je suis excédé de travail : que ma mère et
» vous m'aimiez, et que je vous rejoigne tous l'année
» prochaine. J'embrasse mes filles. On ne peut vous
» aimer plus tendrement, ma très chère. »

C'est dans la campagne de Chouaguen que Montcalm se trouva, pour la première fois, à la tête de « nos Sauvages » ; l'amitié qui l'unit aux étranges alliés du roi Louis XV fut si curieuse, qu'il faut y insister un peu : mais d'abord nous jetterons un coup d'œil rapide sur les relations antérieures des indigènes de l'Amérique avec les Français, et nous dirons combien nos pères se firent aimer d'un peuple courageux et fier qu'ils avaient su vaincre sans l'humilier.

CHAPITRE III

Au moment où, il y a 350 ans, les trois petits vaisseaux de Jacques Cartier remontaient au nord de l'Amérique un grand fleuve inconnu, l'immense territoire de forêts qui s'étendait sur les rives de ce cours d'eau et de ses affluents était uniquement habité par une race d'hommes auxquels leur coloration cuivrée fit donner le nom de Peaux-Rouges.

Cette famille humaine se partageait en deux branches, subdivisées elles-mêmes en nombreux rameaux. Des deux groupes principaux, l'un comprenait les peuples dont la belle langue huronne était l'idiome; dans l'autre groupe se confondaient les nations parlant les divers dialectes de l'harmonieuse langue algonquine[1].

Toutes ces nations étaient belliqueuses et disputèrent bravement le sol natal aux « visages pâles », sans interrompre des guerres intestines qui duraient depuis des siècles. Nos soldats trouvèrent de précieux alliés dans les missionnaires français; dès le

1. Les deux peuples du premier groupe étaient les Wyandiots ou Hurons, fixés à peu près au centre du Canada, aux environs du grand lac qui a gardé le nom de lac Huron, et les Iroquois ou les *cinq nations alliées*, dont la principale était celle des Agniers. Le territoire des Iroquois s'étendait entre les lacs Ontario et Champlain. Les principaux peuples du second groupe étaient les Algonquins, les Montagnais, les Ottawais, les Nippissings, campés sur les rives septentrionales du Saint-Laurent, les Micmacs ou Souriquois, qui habitaient vers l'embouchure du fleuve près de l'Acadie, les Etchemins et les Abe-

xvi⁰ siècle, ceux-ci avaient entrepris la conversion de l'Amérique et étaient venus prêcher la paix, le pardon des injures et l'humilité à des sauvages ne respirant que la guerre, la vengeance et l'orgueil.

Pour dominer ces terribles auditeurs qui mesuraient l'homme à son mépris de la vie, il fallait non seulement leur être égal en bravant la mort, mais supérieur en la bénissant. Un courage angélique fut l'arme de ces religieux, qui s'en allaient au fond des forêts, au péril de mille vies, recruter des serviteurs pour le Christ et des amis pour la France. Ils trouvèrent peu de catéchumènes, mais beaucoup d'amis, et désarmèrent par leur douceur ceux-là mêmes qu'ils ne persuadaient pas.

Peu à peu, chez les unes le besoin d'alliance ou le sentiment de leur infériorité évidente; chez les autres, l'influence des missionnaires, rapprochèrent de nous plusieurs peuplades, dont un certain nombre de membres, une fois convertis, quittèrent les forêts, et, renonçant à la vie sauvage, prirent dans la colonie le nom de *domiciliés*[1].

Enfin, avec le temps, presque toutes les tribus « enterrèrent le tomahawk »[2] et devinrent nos alliées. Mais la guerre continua contre les cinq nations de la confédération iroquoise qui, établies au midi du lac Ontario, séparaient la Nouvelle-France de la colonie hollan-

---

naquis, établis sur le bord de la mer, à côté de la Nouvelle-Angleterre; les Miamis et les Illinois, qui cultivaient à l'ouest de nos possessions de riches contrées entre le Canada et la Louisiane, ne faisaient pas partie des populations du Canada proprement dit, les Sioux à l'extrême ouest et les peuples Eskimaux au nord.

1. La plupart de ces *domiciliés* s'étaient établis sur les rives du Saint-Laurent. Les villages du sault de Saint-Louis et du lac des Deux-Montagnes, bâtis par eux, subsistent encore.

2. Hache de guerre des sauvages de l'Amérique du Nord.

UNE ANCIENNE FORÊT DU CANADA.

daise, devenue plus tard la Nouvelle-York, quand les Anglais se furent substitués aux premiers colons.

Entre nous et les cinq nations, ce fut une guerre implacable, dans laquelle les troupes françaises se trouvèrent en face d'adversaires dignes d'elles, guerriers sans peur et sans pitié, stoïciens du nouveau monde, se riant de la douleur et, dans leur farouche orgueil, offrant de la dignité humaine un effroyable exemple. A vrai dire, ils furent soutenus par nos rivaux, les Hollandais, et, après eux, par les Anglais ; ils en acceptèrent de la poudre et des armes, mais sans serrer la main qui les leur offrait, car ils avaient dans le cœur une haine mortelle contre l'étranger, de quelque rivage qu'il vînt, et ils souhaitaient que la civilisation n'eût qu'une tête pour la scalper[1].

La guerre contre les Iroquois dura un siècle; plusieurs peuplades de nos alliés furent exterminées, entre autres celles des Hurons et des Algonquins, dont les débris tremblants vinrent se réfugier au cœur de la colonie, sous le canon de Québec. Enfin, en 1701, un traité de pacification générale fut conclu : trente-huit députés d'autant de nations vinrent à Montréal fumer le calumet de la paix au milieu des fêtes solennelles, et jurer entre toutes les peuplades et avec la France une amitié « qui devait durer aussi longtemps que les fleuves poursuivraient leurs cours et que les astres garderaient leurs clartés ».

---

[1]. On sait que tous les guerriers des nations sauvages de l'Amérique septentrionale avaient la coutume d'arracher la peau du crâne de leurs ennemis vaincus ; la chevelure ainsi conquise devenait le plus glorieux des trophées. Quand on avait scalpé un prisonnier dont on voulait prolonger les tortures, on coiffait le malheureux mutilé avec une sébile remplie de sable brûlant qui arrêtait l'écoulement du sang. Plusieurs des missionnaires chrétiens ont subi, au XVIIe siècle, cet horrible supplice.

UN SCALPE.

L'ère du sang fut fermée ; le Canada respira et le demi-siècle qui suivit fut l'époque du véritable développement de la colonisation.

Aussi variés que les tatouages de leurs guerriers étaient les mœurs, les dialectes et l'organisation politique de ces peuples. Les uns sédentaires et laboureurs, comme les Iroquois, les véritables Kabyles du Canada ; les autres nomades, comme les Algonquins, ne vivant que de la chasse et de la pêche. La démocratie avec tous ses abus agitait la tribu des Sawanais, et les fières nations de la langue huronne s'étaient constituées en républiques aristocratiques, tandis que les Miamis obéissaient à un chef suprême, véritable roi. Ici, derrière les hautes palissades des villages wyandiots, les femmes gouvernaient l'État ; ailleurs, dans le wiggam d'un Illinois, par exemple, elles n'étaient que les nombreuses esclaves d'un même maître.

Mais, ainsi que l'épiderme cuivré reparaissait semblable chez tous, de même dans le caractère on retrouvait l'origine commune de la race : tous esclaves de leurs songes, follement mobiles et toujours séduits par l'éloquence, sirène redoutable quand elle a pour instrument une langue comme celle de ces peuples, aussi riche, aussi imagée que la poésie orientale ; partout, au fond de ces cœurs bronzés par un orgueil et par une cruauté où vint se briser la charité chrétienne elle-même, veillait l'idée innée de la justice et de l'immortalité de l'âme ; partout ces volontés, qui semblaient indomptables, s'inclinaient à la voix du plus débile vieillard. Pas un Indien n'eût trahi son hôte, pas un n'eût manqué d'honorer les morts : l'hospitalité de la tombe et celle du foyer leur étaient également sacrées. Enfin, tous étaient braves et capables de dévouement : qui le sut mieux que la France ! Peu à peu elle avait conquis ces cœurs volages et, chose plus étonnante, ils lui restèrent fidèles dans la mauvaise fortune !

Entre la France et l'Angleterre, les sympathies des indigènes n'avaient guère hésité, elles étaient presque toutes allées vers nous.

Existait-il entre leur nature et la nôtre, comme les Anglais l'ont dit, une secrète affinité, quelques traits communs d'un caractère aventureux et mobile ? Qu'importe un si léger poids dans la balance ; ce qui fit pencher le plateau, ce fut notre cœur. Sans efforts, presque sans calcul et par l'impulsion de notre naturel, nous traitâmes ces *sauvages* en égaux, en amis, ne leur faisant sentir notre supériorité que le mousquet à la main et n'oubliant jamais qu'avec ces peuples enfants la douceur était aussi nécessaire que la force.

Les Anglais, au contraire, moins *bons enfants*, qu'on pardonne le mot, les avaient rebutés; « ils s'étaient trouvés un peu déconcertés, dit Charlevoix, lorsque, ayant voulu prendre avec ces nouveaux venus (les Anglais) les mêmes libertés que les Français ne faisaient aucune difficulté de leur permettre, ils s'aperçurent que ces manières ne plaisaient pas, et lorsqu'ils se virent chasser à coups de bâton des maisons où jusqu'alors ils étaient entrés aussi librement que dans leurs cabanes ».

Ils s'étaient donc donnés à nous; mais, autant par orgueil que par une naïveté touchante, dans le souverain de la France qu'ils appelaient le *grand Onnonthio*, ils ne saluaient pas le roi, mais le père; ils étaient des enfants et non des sujets.

Ils ne se trompaient pas, ces pauvres Indiens ignorants, lorsqu'ils croyaient sentir un cœur battre dans la poitrine de nos pères; leur instinct avait dit vrai : ils furent bien les fils de la vieille France, écoutez :

Dès les premiers jours de notre domination en Amérique, un édit royal dicté par Richelieu déclara « que tout Indien converti serait censé et réputé naturel français tout ainsi que les vrais régnicoles ».

Partout, dans le nouveau monde, les Européens, en face des nations belliqueuses, usaient de l'eau-de-vie pour désarmer leurs ennemis en les abrutissant : les malheureux avec « l'eau de feu » buvaient leur défaite et leur dégradation. Au plus fort de notre lutte contre les cinq nations iroquoises, un édit royal du 18 mai 1678, par respect pour la créature de Dieu, prohiba, « sous peines les plus grièves », la vente des spiritueux aux sauvages.

Attendez encore : un siècle après, la France va quitter ce continent qu'elle a possédé presque tout entier; elle négocie avec le gouvernement des États-Unis la cession de la Louisiane, et, avant de signer, le plénipotentiaire français, Barbé-Marbois, au nom du premier consul, stipule que « les traités antérieurement convenus avec les nations indigènes seront observés ». Exemple unique dans l'histoire du nouveau monde, de la consécration des droits des tiers, quand ces tiers n'étaient que de pauvres peuplades désarmées.

Ainsi, dans tout le cours de son règne en Amérique, la France s'inquiète du relèvement d'une race vaincue, et son dernier adieu est une sauvegarde pour les misérables. S'il est une gloire qui soit à nous, toute à nous, gloire si pure qu'on ne peut la ternir, c'est d'avoir tant de fois combattu et stipulé pour la dignité humaine. Voilà pourquoi, tant qu'il y aura dans le monde des faibles et des opprimés, c'est vers la France qu'ils tourneront les yeux et en elle qu'ils espèreront, fût-elle, comme eux, faible et opprimée.

Que le lecteur nous pardonne de nous être ainsi attardé : avant de raconter comment nos pères furent vaincus sur la terre d'Amérique, il était doux de dire combien ils y furent aimés[1].

En débarquant à Québec, Montcalm savait déjà de quelle utilité, dans un pays d'eaux et de bois tel que le Canada, était l'alliance de ces sauvages appelés par les Anglais « les chiens de guerre des Français ». Jamais, en effet, service d'éclaireurs ne fut exécuté comme celui des Peaux-Rouges, aux sens subtils et aux ruses inouïes. Guides incomparables à travers les forêts, aussi bon rameurs que pilotes, excellents tireurs, et terribles le tomahawk au poing, ils marchaient en campagne sous les ordres d'officiers français et, dans l'intervalle des opérations militaires, ils poussaient sur le territoire ennemi des pointes hardies. Mais Montcalm n'ignorait pas davantage combien de si braves soldats étaient parfois indisci-

---

1. L'affection des Indiens pour les Français survécut à la fortune de la France. Voici l'observation d'un voyageur anglais, Isaac Weeds, qui a publié un voyage au Canada dans les années 1795, 1796, 1797. « La nature semble avoir implanté dans le cœur des Français et des Indiens une affection réciproque : ils s'associent dans leurs travaux et vivent sur le pied le plus amical. C'est à cette circonstance plus qu'à toute autre cause que l'on doit attribuer le prodigieux ascendant que les Français ont eu sur les Indiens tant qu'ils ont été maîtres du Canada. C'est une chose étonnante et bien digne de remarque que, malgré les présents considérables distribués chaque année aux Indiens du Haut-Canada par les agents Anglais de nation, malgré le respect religieux que ceux-ci ne cessent d'avoir pour leurs usages et leurs droits naturels, un Indien qui cherche l'hospitalité préfère, même aujourd'hui, la chaumière d'un pauvre fermier français à la maison d'un riche propriétaire anglais. »

plinés : enfants indociles d'Onnonthio, n'obéissant qu'à leur heure, et toujours tentés de faire dans les bois l'école buissonnière. Les plans de campagne en étaient souvent entravés. «Car, écrivait Bougainville, ces peuples indépendants et dont le secours est purement volontaire, exigent qu'on les consulte, qu'on leur fasse part de tout ; et souvent leurs opinions et leurs caprices sont une loi pour nous. »

Dans les forêts de l'Amérique, peuplées alors d'innombrables serpents, il y avait des hommes assez adroits pour jouer avec les plus redoutables de ces reptiles : on les appelait des charmeurs. Montcalm les vit à l'œuvre et voulut comme eux captiver, en les séduisant, des natures féroces, tenir dans ses mains des volontés ondoyantes et insaisissables. Il y réussit et jamais « visage pâle » n'inspira aux Peaux-Rouges une plus vive affection, un plus entier dévouement. Il faut l'avouer, rien ne lui coûta : Montcalm devint Indien de pied en cap. On vit, avec surprise, cet homme, le plus vif qui fut jamais, gravement occupé,

GUERRIER ARMÉ DU TOMAHAWK.

UN CONSEIL CHEZ LES INDIENS.

pendant des journées entières, à tirer du fond d'un calumet, sous le toit d'écorce d'une hutte indienne, d'éternelles bouffées de tabac. Autour du feu du conseil étaient assis, près du général, « ses amis rouges » dont il fait à sa mère ce portrait peu flatté : « Ce sont
» de vilains messieurs, même en sortant de leur toi-
» lette, où ils passent leur vie. Vous ne le croiriez
» pas, mais les hommes portent toujours, avec le
» casse-tête et le fusil, un miroir à la guerre pour se
» faire barbouiller de diverses couleurs, arranger
» leur plumet sur la tête, leurs pendeloques aux
» oreilles et aux narines. Une grande beauté, chez
» eux, c'est de s'être fait déchiqueter de bonne heure
» l'orbe des oreilles, de l'avoir allongé pour le faire
» tomber sur les épaules. »

Dans cette étrange compagnie, « pour garder le sérieux qui sied à un guerrier, et surtout à un grand chef », Montcalm dut faire souvent violence à sa gaîté naturelle. Mais, chez ces hommes primitifs, l'horrible est toujours à côté du grotesque, et avant la fin de la seconde campagne, le général d'Onnonthio devait apprendre que la nature sauvage n'abdique jamais, et qu'il vient, tôt ou tard, une heure où elle ressaisit sa proie avec une main ensanglantée.

En attendant, il faisait coûte que coûte son métier de charmeur, il ne pouvait s'empêcher d'enrager un peu : « Avec mes amis les Sauvages, souvent insup-
» portables, écrit-il à sa mère le 16 juin 1756, il faut
» avoir une patience d'ange : depuis que je suis ici, ce
» ne sont que visites, harangues et députations de
» ces messieurs : les dames des Iroquois, qui ont tou-
» jours part, chez eux, au gouvernement, en ont été
» aussi et m'ont fait l'honneur de m'apporter un

CHEF INDIEN EN GRAND COSTUME.

» collier[1]; ce qui m'engage à les aller voir et à chan-
» ter la guerre chez eux. »

On a vu d'ailleurs, par la relation du siège de Chouaguen, que les Sauvages furent exacts au rendez-vous que Montcalm était allé leur donner.

1. A défaut de l'écriture, dont ils ignoraient l'usage, les sauvages de l'Amérique, pour transmettre leurs pensées, se servaient de colliers de wampum : c'était un assemblage de petites coquilles dont la position, le nombre et la couleur constituaient tout un langage symbolique. Les calumets (ou pipes) décorés de diverses manières étaient souvent employés dans le même but. On a vu plus haut que, pour réclamer un prompt secours, la peuplade des Miamis avait envoyé au gouverneur de la Virginie un collier de wampum et un calumet garni de plumes.

CHAPITRE IV

Voici l'hiver venu, tel qu'il se montre dans ce rude climat : toutes eaux gelées, partout sur terre la neige durcie, monde de cristal et de marbre blanc étincelant au soleil. — Avant six mois nulle nouvelle possible de la France ni d'ailleurs. Que faire dans cette grande prison, sinon se divertir ? — On danse à Québec, à Montréal, partout. Le général écrit à sa femme : « Pour ma part, trois grands beaux bals jusqu'au
» carême ; outre les dîners, de grands soupers de
» dames trois fois la semaine ; les jours des prudes,
» des concerts ; les jours des jeunes, des violons de
» hasard, parce qu'on me les demandait : cela ne
» menait que jusqu'à deux heures après minuit et
» il se joignait, après souper, compagnie dansante,
» sans être priée, mais sûre d'être bien reçue, à
» celle qui avait soupé... »

En ce joyeux hiver de 1756, sur les bords glacés du Saint-Laurent, quelle étrange apparition de la France du dix-huitième siècle, frivole et gaie, de la France à la mode, poudrée à blanc « spirituelle et galante à Québec, joueuse à Montréal », et partout insoucieuse du lendemain. Là-bas, venant des monts Alleghanys, s'avance un grand nuage sombre. Ce n'est rien, répondent les violons, c'est le brouillard des lacs que va dissiper le soleil du printemps.

Au milieu de ces plaisirs, d'heureuses expéditions s'effectuent. « A l'ouest, écrit Montcalm, nos partis de
» sauvages vont continuellement pour lever quelques
» chevelures aux Anglais, qui, de leur côté, ont fait ve-
» nir des Catabas, sauvages établis en Caroline, l'une
» des colonies anglo-américaines au sud de la Vir-
» ginie. » A l'est, de brillants coups de main des Canadiens sur le lac Saint-Sacrement; puis, pour le printemps, des préparatifs qui se font suivant un plan de campagne à l'étude, et, en attendant, réception à Montréal d'une grande ambassade iroquoise avec femmes et enfants, « à l'occasion de quoi on a
» tenu ici des *grands conseils*, c'est-à-dire une sorte
» de Congrès auquel les nations attachées à la France
» ont assisté par députés. Cette assemblée est la plus
» mémorable qu'il y ait jamais eue au Canada, tant par
» le nombre de ses membres et la nature des objets
» qui se sont agités, que pour les bonnes dispositions
» dans lesquelles les cinq nations iroquoises ont paru
» être. Non seulement leurs ambassadeurs s'enga-
» gèrent à garder la neutralité, mais encore ils fou-
» lèrent aux pieds les médailles des Anglais. »

Le printemps est revenu, toute la flottille canadienne, des canots, des berges, des brigantins, est remise à flot le long des rivières encore gonflées par la fonte des neiges. En glissant sur les cours d'eau, seules routes praticables autrefois dans ce pays, l'armée va gagner ses positions stratégiques. « Nous allons nous mou-
» voir dans quelques jours, pour l'ouverture de la cam-
» pagne, écrit Montcalm à sa mère, le 25 avril 1757;
» un corps de Canadiens part pour la Belle-Rivière
» (l'Ohio), à trois cents lieues d'ici; des troupes de
» terre, qui ont passé l'hiver à cent vingt lieues pour-
» ront les suivre. M. de Bourlamaque part aussi avec

» des troupes pour le fort de Carillon, que j'avais mis
» hors d'insulte et approvisionné ; le reste s'avance
» sur la frontière. » Pendant que l'inepte généralissime anglais, le comte de Loudon, sous prétexte d'entreprendre la conquête de Louisbourg, dans l'île du Cap-Breton[1], séjournait deux mois avec une armée de 10 000 hommes à Chibouctou (aujourd'hui Halifax), les chefs de la colonie frappaient le grand coup qu'ils avaient préparé dans les quartiers d'hiver.

Au pied des montagnes qui séparent les bassins de l'Hudson et du Saint-Laurent, un petit lac, en fer de lance, déverse dans le Champlain ses eaux aussi limpides que le cristal ; les Indiens l'appelaient Horican, les Français Saint-Sacrement, et les Anglais George. A l'extrémité méridionale du lac, ces derniers avaient bâti le fort George ou William Henry, soutenu par un camp retranché et commandant la route de la vallée de l'Hudson. De cette forte position, ils pouvaient, avec leur flotte qu'ils y abritaient, arriver par le Champlain et ses débouchés aux portes mêmes de Montréal[2].

Pendant l'hiver, un audacieux coup de main « à la française » avait failli nous rendre maîtres de William Henry : par un froid de 15 à 20 degrés, un détachement de 1500 Français, Canadiens et Sauvages, sous les ordres de M. de Rigaud de Vaudreuil, frère cadet du gouverneur de la Nouvelle-France, avait traversé sur la glace les lacs Champlain et Saint-Sacrement, « faisant ainsi soixante lieues la raquette au pied, ayant des vivres sur des traîneaux que l'on peut, dans les beaux chemins, faire tirer par des chiens, couchant au milieu

---

[1]. L'île Royale ou du Cap-Breton est située entre l'Acadie et l'île de Terre-Neuve. Voir la carte n° 1, à la fin du volume.

[2]. Voir la carte n° 2.

de la neige, sur la peau d'ours, avec une simple voile qui sert d'abri, et était arrivé à l'improviste à une petite lieue de William Henry. » Quand l'expédition canadienne revint sur ses pas, le fort seul demeurait debout au milieu des ruines fumantes : deux cent cinquante bateaux de transport, quatre brigantins et toutes les dépendances avaient été brûlés.

Il fallait maintenant, en détruisant la place elle-même, enfoncer la porte nord de la colonie anglaise et s'ouvrir le chemin d'Albany et de New-York. Des messages furent envoyés à toutes les peuplades amies. Le 22 juillet 1757, deux cents canots de guerre montés par 2000 sauvages ralliaient l'armée de siège en formation sous les remparts de Carillon : la moitié de ces volontaires venaient de trois cents lieues de là, des pays d'en haut. « Nous voulons essayer sur les Anglais le tomahawk de nos pères, afin de voir s'il coupe bien, » dit à Montcalm, en le saluant, l'orateur des nations alliées. On devait d'abord passer du lac Champlain au lac Saint-Sacrement qui le domine et on n'avait ni bœufs ni chevaux pour franchir le portage le long de la rivière qui unit les deux nappes d'eau[1]. Pendant qu'à grand'peine « les brigades, colonels en tête », portaient à bras, durant six jours, le matériel de siège et cinq cents bateaux, les Indiens devancèrent l'armée sur le bord du lac supérieur ; leurs légers canots d'écorce coururent sus aux barques anglaises qui le défendaient, et, si fructueuse fut la chasse aux chevelures, que la campagne faillit en

[1]. La navigation sur les cours d'eau en Amérique est interrompue par des obstacles naturels qui produisent soit des chutes ou *saults*, soit des *rapides* ou cascades. Il fallait autrefois, pour passer outre, porter les bateaux au delà de l'obstacle : c'est ce qu'on appelait « faire portage ». Aujourd'hui on opère l'ascension au moyen des écluses et des canaux.

avorter. Les vainqueurs, en effet, allaient se disperser, car on n'eût pas trouvé un Peau-Rouge qui doutât qu'après un coup heureux, braver de nouveau le péril ce ne soit tenter « le Maître de la vie », et, ajoute Bougainville, le curieux historiographe de cette expédition, « leur esprit superstitieux et inquiet à l'excès jonglait, rêvait et se figurait que tout délai pouvait leur être fatal ».

Pour combattre ce fantôme, pour arrêter cette panique du succès, que faire? La parole du général d'Onnonthio suffirait-elle à retenir les Sauvages, nos indispensables auxiliaires au milieu de ces déserts? Montcalm, afin de l'essayer, convoqua une assemblée générale.

Avec sa guirlande de forêts aussi vieilles que le monde, l'Horican, le plus gracieux des lacs américains, déroule au loin ses replis transparents, où se reflètent des îles sans nombre. Autour du feu du Conseil allumé sur la grève, près des pirogues asséchées, les guerriers des trente-deux nations alliées viennent silencieusement s'asseoir. Ces trente-deux peuplades éphémères, où sont-elles aujourd'hui? Où sont-elles aussi les anciennes neiges du Canada? Pauvres Indiens, race sans avenir, chez qui le culte instinctif des tombeaux semblait trahir le pressentiment d'une courte et fatale destinée!

Après que chaque orateur eut parlé « en liberté et
» à son tour, ce qui, parmi les Sauvages, n'est jamais
» sujet à aucune confusion », Montcalm se leva, et à la fin de son discours, s'inspirant des usages des Indiens, il montra à l'assemblée un collier symbolique formé d'innombrables petites coquilles, puis élevant la voix : « Pars, m'a dit notre roi, va au delà du grand
» lac défendre mes enfants et les rendre heureux et

» invincibles. Ce collier que je vous offre de sa part
» est le gage sacré de ma parole, la cohésion de ses
» grains est l'image de notre union et de notre force. »
L'orateur lança alors, au milieu de l'assemblée, le collier de wampum. Un guerrier ottawais, nommé Pennahoel, orné d'un hausse-col et d'une médaille avec le portrait du roi très chrétien sur une face, et sur l'autre Mars et Bellone, releva les coquilles et, en les présentant aux assistants : « Voilà maintenant, dit-il,
» un cercle est tracé autour de nous par le grand On-
» nonthio, notre père : malheur à qui en sortira, le
» Maître de la vie le châtiera, mais que cette malé-
» diction ne retombe jamais sur toutes ces nations
» sœurs qui veulent former, ici, une union que rien
» ne puisse rompre en obéissant toujours à la volonté
» de leur père. » Un murmure approbateur couvrit ces dernières paroles : sur la mobile assemblée il passa comme un souffle belliqueux. Puis du sein de la foule frémissante, déjà oublieuse de ses superstitieuses terreurs, une voix, sur un rythme lent et d'un accent guttural, entonna cette invocation aux esprits tutélaires : « Manitous, Manitous, vous tous qui êtes
» dans les airs, sur la terre et sous nos pieds, détruisez
» nos ennemis, livrez-nous leurs dépouilles et ornez
» nos cabanes de leurs sanglantes chevelures. » Une explosion de hurlements et de cris à peine humains répondit à ce chant : Montcalm pouvait compter sur ses alliés, toutes les fureurs de la guerre les possédaient.

Deux jours après cette scène, le canon d'alarme du fort William Henry faisait retentir l'écho des montagnes. Le siège commença le 3 août : les opérations, conduites par l'ingénieur Desandrouins, en sont pittoresquement décrites dans le journal rédigé par

Bougainville et conservé dans les archives de la Guerre[1]. Malgré sa garnison de deux mille cinq cents hommes, ses quarante canons et son camp retranché, la place ne pouvait résister; mais au fort Édouard ou Lydius, à quelques heures de marche vers Albany, le général Webb commandait six mille hommes; d'heure en heure, le vieux Monro, le défenseur de William Henry, écoutait si le canon ne grondait pas sur la route de l'Hudson : de ce côté, les bois restaient silencieux. Une lettre cachée dans une balle creuse fut découverte sur un courrier tué par les Peaux-Rouges; elle était écrite par Webb pour informer son frère d'armes de ne pas attendre son secours, et pour l'engager à capituler sans scrupule. Monro était perdu, Montcalm lui écrivit aussitôt : « Monsieur, un de mes » partis rentré hier au soir, avec des prisonniers, m'a » procuré la lettre que je vous envoie par une suite de » la générosité dont je fais profession vis-à-vis de ceux » avec qui je suis obligé de faire la guerre. » Quelles furent la stupéfaction et la douleur du vétéran écossais en recevant par Bougainville communication du message de Webb : un soldat seul pourrait le bien dire.

Le 9 août, les tambours du fort battirent la chamade; William Henry se rendait.

Avant de signer la capitulation, Montcalm, autant pour flatter ses alliés que pour les lier par leur intervention même, convoqua les chefs indiens à la conférence dans la tranchée; tous approuvèrent les articles de la convention et s'engagèrent « à main-

---

[1]. L'ingénieur Desandrouins, de son côté, a écrit un journal tant du siège de William Henry que de celui de Chouaguen. Une gracieuse communication nous a mis à même d'étudier ces documents absolument inédits : il s'y trouve, au point de vue technique, de très intéressants détails qui complètent utilement le récit de Bougainville.

enir la jeunesse dans le devoir ». Hélas! ils se vantaient, et la journée du lendemain devait donner à leur parole un sanglant démenti.

Nous voici arrivés à cet épisode déplorable qui, démesurément grossi et dramatisé sous la plume d'un romancier de génie [1], est devenu « la légende du massacre de William Henry ». Que de déclamations contre l'armée française cette aventure n'a-t-elle pas suscitées en Amérique : mais qu'est-ce que l'histoire, pour qu'un des généraux les plus connus de l'armée fédérale des États-Unis ait paru prendre au sérieux, dans une publication récente, des soupçons dont un juge comme M. Bancroft, l'antifrançais, avait déjà fait cependant bonne justice [2]. La vérité sur cet évènement, la voici telle qu'elle apparaît, dans toute sa simplicité, à la lecture des dépêches, tant officielles que secrètes, adressées au gouvernement français par les chefs de la colonie.

La garnison du fort était entre les mains de Montcalm, mais celui-ci, hors d'état de nourrir près de trois mille prisonniers, et voulant, en même temps, honorer la belle défense de Monro, avait consenti à laisser les troupes anglaises retourner dans leur colonie avec armes et bagages, après engagement pris de ne pas servir contre la France pendant dix-huit mois. Déjà, lors de la prise de Chouaguen, les Indiens se souciaient peu de respecter une capitulation qui les frustrait du pillage, mais, à force de présents, le général était parvenu à les maîtriser, car, écrivait-il alors au ministre : « Il n'y a rien que je n'eusse

---

1. Fenimore Cooper, l'auteur du *Dernier des Mohicans*.
2. La notice du général Mac-Lellan sur le siège du fort George a inspiré à un écrivain canadien très distingué, M. Le Moine, une chaleureuse réplique · *La Mémoire de Montcalm vengée.* 1 vol. in-32.

» accordé plutôt que de faire une démarche contraire
» à la bonne foi française. » William Henry rendu,
Montcalm donna sur l'heure des ordres pour qu'avant
l'entrée des Peaux-Rouges tous les tonneaux de
spiritueux contenus dans le fort fussent défoncés :
c'était le seul moyen de rester maîtres de nos alliés.
Malheureusement cette sage précaution fut rendue
inutile par ceux-là mêmes qu'elle avait pour but de
protéger.

Pendant la nuit, les Anglais, croyant se concilier
les sauvages, « dont ils avaient une frayeur inconcevable, » leur versèrent du rhum et de l'eau-de-vie.
Mais, au lieu de les désarmer, l'ivresse ne fit qu'allumer dans leur sang une fureur bestiale.

Le lendemain, sous le coup d'une terreur croissante, les Anglais se mettent en route de grand
matin pour gagner le fort Édouard, où se cachent
Webb et son armée : leur longue colonne, dont une
foule de femmes et d'enfants embarrasse la marche,
atteint en serpentant la lisière des bois. Là sont des
Indiens : c'est d'abord aux bagages qu'ils en veulent ;
« et qui donc dans le monde pourrait contenir deux
» mille sauvages de trente-deux nations différentes
» quand ils ont bu? » demande Bougainville.

Les pillards s'enhardissent et l'horrible clameur de
guerre retentit. « A peine eurent-ils poussé leurs cris,
» que les troupes anglaises, au lieu de faire bonne contenance, prirent l'épouvante et s'enfuirent à la débandade, jetant armes et bagages et même leurs
» habits[1]. » La colonne est rompue : on en voit les débris tourbillonner et s'éparpiller dans la plaine comme
des feuilles sous un vent d'orage ; un drame horrible

1. Dépêche du marquis de Vaudreuil, gouverneur du Canada, au ministre de la marine.

commençait entre des fauves bondissant de toutes parts et un troupeau humain dispersé, quand Montcalm et ses officiers, accourant hors d'haleine, se jettent au-devant des Peaux-Rouges. Telle était la rage de ceux-ci que « plusieurs de nos grenadiers y furent » blessés, et que nos officiers y coururent risque » de la vie, car, dans des cas pareils, les sauvages ne respectent rien [1] ». Le tumulte cesse ; on donne asile dans le camp et dans le fort aux Anglais éperdus. Les Indiens avaient fait six cents prisonniers : on les rachète et, comme ils sont nus, les soldats français partagent avec eux leurs vêtements : Montcalm renvoya en sûreté les Anglais au comte de Loudon, auquel il fit tenir une relation fidèle de la catastrophe et des causes qui l'avait produite. « Je m'estime heureux, » disait Montcalm en finissant, que le désordre n'ait » pas eu de suites aussi fâcheuses que j'étais en droit » de le craindre. Je me sais gré de m'être exposé per- » sonnellement, ainsi que mes officiers, pour la dé- » fense des vôtres, qui rendent justice à tout ce que » j'ai fait dans cette occasion. »

Qu'il s'attendait peu à la réponse du gouvernement anglais, le loyal soldat qui écrivait cette lettre! Ce que l'équité, ce que le simple bon sens, proclamait monstrueux et absurde, fut osé par le besoin de surexciter contre la France l'opinion publique et par l'humiliation de l'amour-propre national : le généreux, le chevaleresque Montcalm se vit accusé à Londres d'avoir livré des vaincus aux fureurs de hordes barbares, et, dans le premier moment, la capitulation fut déclarée nulle par le gouvernement britannique. Mais qui pouvait croire qu'un siècle après l'évènement,

---

1. Dépêche du gouverneur.

quand les Anglais eux-mêmes ont traité en héros le prétendu complice des sauvages canadiens, ce bruit odieux trouverait encore des échos! Pourquoi nous arrêter davantage; Montcalm n'est-il pas assez défendu par sa vie et par sa mort? dans cette fatale journée du 10 août 1757, il n'a rejailli sur lui d'autre sang que celui de ses grenadiers blessés à ses côtés en sauvant les Anglo-Américains[1].

Des difficultés toujours grandissantes dont nous parlerons plus loin, et contre lesquelles Montcalm luttait déjà, l'empêchèrent de pousser jusqu'à la vallée de l'Hudson. Néanmoins, le résultat des campagnes de 1756 et 1757 dépassait toute espérance, et l'étoile de la France, près de s'éteindre sur ces lointains rivages, brillait d'un dernier et trompeur éclat. L'armée anglaise, malgré son énorme supériorité numérique, était convaincue d'impuissance; elle n'avait rien fait, rien tenté. La flotte des lacs n'existait plus; la France restait maîtresse de toutes les eaux et, selon l'aveu public du gouvernement britannique, « toutes les portes étaient ouvertes ». Aux yeux des Indiens, quel prestige! Pas une peuplade qui ne s'enorgueillît d'être fille d'Onnonthio. Entre les deux grandes vallées françaises du Mississipi et du Saint-Laurent, voici trois routes libres, et sur tout l'immense royaume de Louis XV, de Québec à la Nouvelle-Orléans, aucun Anglais n'osait poser le pied. A ce moment-là, les destinées du Nouveau-Monde restèrent en suspens : l'Amérique serait-elle anglaise ou française?

---

1. S'il y avait eu préméditation, fût-ce même de la part des sauvages, ceux-ci seraient allés attendre la colonne anglaise au milieu des bois qu'il lui fallait traverser pour gagner le fort Édouard, et non dans la plaine, à une demi-lieue du camp français. Dans la forêt, rien ne pouvait sauver les Anglo-Américains, pas un n'eût échappé.

Mais ce n'était pas au delà de l'Atlantique seulement que l'Angleterre déclinait; dans la Méditerranée,

WILLIAM PITT.

Minorque lui était ravie; les Anglo-Hanovriens capitulaient à Closter-Seven, et martelée sous les coups des Russes, des Français et des Autrichiens, la dernière armée de Frédéric de Prusse, l'unique allié de George II, semblait écrasée. Il ne restait plus alors à l'Angleterre, suivant le conseil d'Horace Walpole, « qu'à couper ses câbles et à voguer à la dérive vers quelque océan inconnu. » A cette heure solennelle de l'histoire du peuple anglais, un homme marchant avec peine, accablé sous le poids d'infirmités précoces, monta à la tribune dans la Chambre des députés des Communes et, tous les yeux ardemment fixés sur lui, proféra ce serment : « Je sauverai ce pays, et moi seul le peux. » L'orateur qui assumait une telle responsabilité était le nouveau secrétaire d'État, William Pitt, devenu le dictateur de l'Angleterre, depuis que tous les partis, également impuissants au dedans et au dehors, avaient abdiqué entre ses mains.

CHAPITRE V

Au milieu de l'apparent effondrement de la puissance britannique, Pitt reste inébranlable ; avec l'assurance du génie, il a déjà choisi sa conquête : ce sera le Canada. Dans sa pensée profonde, la possession de ce pays était, entre la France et l'Angleterre, le véritable enjeu de la guerre de Sept Ans, car le Canada, c'était l'Amérique septentrionale tout entière. Pitt avait compris que, les Français une fois chassés du nord et de l'ouest, les Anglais resteraient sans rivaux sur un continent où notre Louisiane, encore dans l'enfance, et les colonies espagnoles, déjà en décrépitude, ne pouvaient être qu'une proie et non une menace pour leurs voisins. Conquérir le Canada, c'était assurer à la race anglaise la domination sur la moitié d'un hémisphère.

Les échecs que Montcalm faisait subir en Amérique aux armées du roi George eussent découragé une âme médiocre ; ils ne firent que décupler les efforts du grand Pitt et hâter son triomphe.

Le succès, hélas ! était plus facile qu'il ne le semblait. En Canada, l'Angleterre avait trois alliés qui la servaient sans subsides : la discorde, la famine, la concussion ; son allié d'Europe, le grand Frédéric, lui coûtait plus cher. Il nous faut enfin aborder le pénible récit des maux intérieurs de la Nouvelle-France : on verra au sein de quelles difficultés inouïes se débattait Montcalm ; en connaissant les ennemis qu'il avait derrière lui pendant ses campagnes, on sentira mieux ce qu'il appelait lui-même « le critique de sa position ».

Le premier des fléaux de la colonie, c'était l'administration coloniale. Pour l'honneur de notre pays, les scandales dont le Canada fut alors le théâtre n'ont été qu'une monstrueuse exception ; et les fonctionnaires de l'ancienne France ont transmis à leurs successeurs un juste renom de probité, véritable patrimoine national, que ceux-ci légueront, avec leur propre exemple, aux administrateurs à venir.

Dans la nature physique, la corruption monte ou descend ; dans l'ordre moral, la gangrène n'est jamais ascendante ! elle vient toujours d'en haut : un chef seul peut empoisonner un corps entier.

En François Bigot, treizième et dernier intendant de la Nouvelle-France [1], s'incarnait toute la corruption brillante et audacieuse du dix-huitième siècle. Ses rapines à Louisbourg, lors du premier siège en 1745, avaient déjà provoqué dans la garnison des mutineries qui hâtèrent la capitulation de la place. Au lieu d'être puni, le coupable, bien apparenté, fut envoyé avec avancement au Canada. Il y porta ses vices, ses séductions et son intelligence. Maître absolu dans tous les services de finances, Bigot créa une administration à son image, et pour voler il eut, comme le géant de la

---

1. Dans l'ancienne administration, les *intendants* étaient des fonctionnaires de l'ordre le plus élevé, ayant des attributions à la fois administratives, judiciaires et financières. En réalité, soit dans les provinces du royaume, soit dans les colonies, ils concentraient entre leurs mains presque tous les services, les gouverneurs généraux n'exerçant guère qu'une autorité nominale.

fable, des mains par centaines ; chaque fonctionnaire pillait, depuis l'intendant et le contrôleur « jusqu'au moindre cadet » ; dans cette honteuse concurrence, le chef ne reprochait à l'inférieur que « de voler trop pour sa place ». Sur tout le Canada il se répandit comme une épidémie de vols : **vols sur l'approvisionnement des places vols sur les transports, vols sur les travaux publics, vols sur les produits de la traite des pelleteries réservés au roi, vols sur les fournitures du matériel de la guerre et de l'équipement ! Mais c'était sur les marchandises livrées en présents aux Peaux-Rouges qu'on faisait les plus belles affaires**; au fond de sa forêt, le pauvre sauvage était volé comme dans un bois. Ce n'est pas tout : parfois le brigandage prenait un autre tour, et les employés de Bigot, devenus commerçants, opéraient, sous la protection de leur

UN INTENDANT AU XVIII° SIÈCLE,
d'après Joseph Vernet.

chef, d'immenses accaparements de toutes choses,
qu'on revendait ensuite à l'État et aux malheureux colons à 150 p. 100 de bénéfice. Enfin arriva la famine :
ce fut le bon temps, nous en reparlerons [1].

Entre cette bande et le marquis de Montcalm, la
guerre naquit dès le premier jour. « Quel pays!
» s'écrie-t-il dans une lettre à sa mère; tous les ma-
» rauds y font fortune et tous les honnêtes gens s'y
» ruinent. » Peut-être en d'autres temps eût-il, avec
dégoût, détourné les yeux de ce spectacle, mais, ici,
le patriotisme chez Montcalm se révolte encore plus
que la probité. Par ces incessantes rapines, la colonie
est restée désarmée en face de l'ennemi; la fripon-
nerie est devenue trahison; — on donne aux soldats
« des fusils de l'ancienne façon, dont les baguettes
cassent comme un verre ». On n'a que des « bi-
coques » où l'on croit avoir des forts; « celui de Ca-
» rillon rempli de défauts, coûte au roi aussi cher que
» Brisach et sert à enrichir l'ingénieur du pays. » A
peine débarqué, Montcalm, parcourant les quartiers
des troupes, y trouve « hôpitaux et ambulances dans un
» état affreux et nombre d'articles nécessaires man-
» quant dans les magasins ». Ce qu'il redoute dans
les friponneries dont les sauvages sont victimes, c'est
qu'on ne laisse gagner ceux-ci par les Anglais. Indigné du présent, inquiet de l'avenir, il avertit le
ministre de la marine de qui relèvent les colonies; il
fait écrire aussi par l'honnête Doreil, commissaire
des guerres (intendant militaire). Autant se plaindre
aux vers de la pourriture, Bigot a là-bas un complice :

---

1. M. Le Moine vient de publier, dans le *Guide historique du Canada*, de curieux détails sur Bigot et ses associés, y compris leurs femmes : *Dernières années de la domination française; Bigot et son groupe.*

« c'est l'œil même du ministre[1] ». Les dépêches sont interceptées au passage; on *égare* jusqu'au rapport sur la prise de William Henry. Sans doute un jour ces misérables seront confondus et même châtiés après un grand procès, mais il sera trop tard : Montcalm et la Nouvelle-France auront vécu.

Malgré tout, le général, fort de sa bonne cause et de l'indignation publique, eût peut-être écrasé sur place quelques-uns des vampires du Canada, si les intelligents fripons, dont Bigot était le chef, n'eussent trouvé un auxiliaire dans un homme qui ne leur ressemblait en rien. A la tête de la colonie, il y avait alors pour gouverneur général un simple capitaine de vaisseau, le marquis de Vaudreuil. Il était probe et sincèrement dévoué à la France et à la colonie, mais ses lumières et son activité n'égalaient ni son désintéressement, ni son patriotisme; ses irrésolutions surtout étaient fâcheuses, et si son neveu, l'intrépide marin, n'avait pas eu plus de décision, il n'aurait pas reconquis le Sénégal en 1780. « Notre gouverneur veut être gouverné, » écrivait Doreil au ministre en 1756; Montcalm s'en fut bien acquitté : malheureusement M. de Vaudreuil abdiqua entre les mains de Bigot. Né dans le pays, il était rempli de préjugés coloniaux et jaloux à l'excès de ses prérogatives : on exploita habilement près de lui les tiraillements, les rivalités inévitables dans les colonies entre les autorités indigènes et les fonctionnaires venant

---

[1]. M. de la Porte, qui depuis plusieurs années, sous des ministères éphémères, dirigeait la marine. Ce fonctionnaire archiconcussionnaire, l'un des associés de Bigot, finit par être congédié... avec une pension de 9000 livres. D'ailleurs le gouvernement n'avait rien à apprendre sur les scandales du Canada; les cartons de la Marine et de la Guerre étaient remplis de révélations et d'avertissements dont on ne tenait aucun compte.

de la métropole. A ce pauvre gouverneur, les misérables qui dévoraient la colonie eurent le talent de faire voir un ennemi de la Nouvelle-France dans le seul homme capable de la défendre.

Une lutte sourde d'abord, puis ouverte, qui dura jusqu'à la mort de Montcalm, s'établit entre celui-ci et le gouvernement colonial. On se dénonça réciproquement à Versailles. M. de Vaudreuil se plaignait que le « militaire fût parvenu au comble du despotisme ». Il accusait Montcalm de ne pas savoir profiter de ses avantages et insistait pour le rappel du général. Montcalm, lui aussi, demandait à revenir en Europe, « n'y tenant plus à exécuter des ordres obscurs » donnés avec duplicité par un chef qui ne sait pas » parler guerre ». En attendant, il s'inclinait devant le gouverneur, dépositaire de l'autorité royale. « Je lui » représente, écrit-il, mais, en même temps, j'emploie » tous les moyens pour la réussite de ses projets, alors » même qu'ils diffèrent des miens. » D'ailleurs le général ne pouvait rien sans le gouverneur. Sauf pendant les opérations de la campagne, aucun droit ne lui était accordé ni sur les troupes coloniales (ou de la marine), ni sur les sauvages, ni sur la milice. Jamais il ne put avancer ou reculer d'une heure le départ d'un bâtiment. Pour la solde, l'équipement, les munitions, le matériel de guerre, l'armée dépendait absolument des autorités coloniales, et, à la moindre plainte, on la menaçait de lui couper les vivres. Hélas! au Canada, ce mot-là faisait trembler les plus braves! A qui en eût-on appelé? On était à 1500 lieues de la France avec blocus des glaces pendant six mois.

« Expatriés, manquant de tout, écrit Bougainville, » ne pensant plus qu'à cette espèce de gloire qu'on

» acquiert en se raidissant contre les difficultés de
» tout genre, haïs, enviés, ayant tout à souffrir du
» climat, du pays et des habitants, nous n'apprenons
» ici qu'à être patients. »

C'est ainsi, dans le néant de toutes ressources, que Montcalm lutta quatre années sans relâche, ne trouvant, pour soutenir la colonie croulante, d'autre point d'appui que son grand cœur. Ce qu'il souffrit, pourrait-on le dire? Quel supplice pour un homme d'une telle valeur de voir sa réputation militaire livrée à tous les hasards par une incapacité sans cesse hésitante et dont tout dépend! Quelle angoisse et quelle rage de sentir que soi-même, l'armée, la colonie entière, n'étaient que la vile matière avec laquelle des hommes, qui eussent vendu jusqu'à nos drapeaux, bâtissaient leur exécrable fortune!

L'amour des troupes, le respect et la confiance du peuple consolaient, fortifiaient Montcalm. L'armée l'avait vu avec surprise, pendant les campagnes, coucher sur la terre nue, et, revêtu de son cordon rouge, se contenter de la ration du soldat; elle l'avait admiré exposant au feu, comme un simple grenadier, son corps couvert de cicatrices. Entre les troupes et le général l'attachement fut inviolable, et dans les débris de cette petite phalange qui revinrent en France, pas un officier, pas un soldat qui, malgré tant de malheurs, ne fût fier d'avoir servi sous le général Montcalm. On sait quel fanatisme il inspira aux sauvages du Canada : dans leurs wigams, où séchèrent de terribles trophées, vécut longtemps le souvenir du grand chef de guerre qui avait conduit par la main ses enfants rouges à la victoire. Montcalm, après avoir obtenu d'eux de servir sans recevoir ni eau-de vie, ni équipement, ce qui ne s'était jamais vu,

avait le droit de dire : « Pour ce qui est des sauvages,
» j'ose croire avoir saisi leur génie et leurs mœurs. »
Il conquit moins vite les Canadiens; entre lui et eux
existaient des préventions qui tombèrent quand ils se
connurent mieux : l'instinct populaire finit par discerner en Montcalm le défenseur désintéressé, le
véritable ami. Sa popularité fut bientôt au comble.
« Les Canadiens, les simples habitants, écrit-il au mi-
» nistre, me respectent et m'aiment : lorsque je
» voyage, j'ai l'air d'un tribun du peuple. » Sur son
lit de mort, il se souviendra d'eux.

C'était un petit homme de fière mine, à l'allure nerveuse, avec un nez busqué et de grands yeux noirs
étincelants, que la poudre de la coiffure rendait encore plus vifs. Quand l'hiver, sur la route de Québec à
Montréal, un traîneau filait au galop, et que du fond
d'une pelisse de fourrure deux éclairs avaient brillé,
« Voilà le marquis, » disaient les passants. Le trait
saillant de son esprit, ce fut aussi le coup d'œil,
mais un coup d'œil dont la vivacité n'ôtait rien à la
justesse; la vérité vite saisie, souvent discernée de
très loin, jaillissait avec une lumineuse précision des
jugements portés par Montcalm sur les hommes et
les évènements. Imagination hardie sans chimères,
féconde sans rêveries, il fut par-dessus tout un
homme d'action et d'action rapide.

Mais allons au but. La grandeur de Montcalm, il ne
faut la chercher ni dans ses facultés, ni dans ses talents, elle était dans son âme, tout entière subjuguée par le devoir. Montcalm fut — le soldat, — il en
eut toutes les vertus, il en accepta toutes les servitudes, même celle de la mort. Corneille, le grand
poète du devoir, était son auteur, ou plutôt son conseil; Plutarque, qu'il avait le bonheur de lire dans le

texte grec, lui parlait aussi du devoir. Sous le rayon de cette idée fortifiée par la foi religieuse, Montcalm, pendant sa longue agonie, grandit de sacrifice en sacrifice jusqu'à l'heure suprême : lorsqu'elle sonna, il était prêt; la tête haute, l'âme sereine, il se leva, salua la France et mourut.

CHAPITRE VI

Le défaut de vivres avait été, on se le rappelle, l'une des causes qui arrêtèrent les troupes après la prise de William Henry. Depuis 1755, les blés manquaient; la guerre paralysait les travaux de culture. En 1757, la situation se tendit : le froid de l'hiver 1756-1757, excessif même pour le Canada, « le thermomètre a été plusieurs fois au-dessous de 27 degrés », réduisit à néant les nouvelles récoltes. Montcalm, à la fin d'un rapport au ministre, résume ainsi, dès le 18 septembre, l'état des choses : « Manque de
» vivres, le peuple réduit à un quarteron de pain. Il
» faudra peut-être encore réduire la ration du soldat.
» Peu de poudre, pas de souliers. » Ce n'était que le début. Le gouvernement anglais, qui avait son plan, prohiba rigoureusement l'exportation de toutes subsistances de ses colonies d'Amérique : les malheureux Canadiens furent donc réduits à leurs propres ressources, en attendant la farine et les salaisons demandées en France, mais qui ne pouvaient arriver avant le mois de mai.

Cependant il fallait vivre, si c'était possible ; on attaqua le cheval. « Ma maison et ceux qui ont dîné
» journellement chez moi au même ordinaire pour le
» pain et plusieurs entrées de cheval. Il y a de la fer-

» mentation dans le peuple et les troupes. M. le che-
» valier de Lévis a bien fait à Montréal ; sans un ton
» aussi ferme, il y eût eu une sédition : ici nous avons
» moins de peine, » écrivait de Québec, le général, le
20 février 1758. — Mais si les Canadiens souffraient,
les Acadiens mouraient ; deux mille des malheureux
proscrits réfugiés chez leurs frères du Canada étaient
sans ressources, ne demandant que « du pain et des
armes ». La patrie, qui leur coûte si cher, ne peut
leur donner que des lambeaux de morue salée : ils
expirent de misère sur une terre française ! « Il en est
déjà mort trois cents, » écrit Doreil au ministre le
26 février.

La famine : quelle aubaine pour Bigot et sa bande !
quels bons coups on faisait avec les blés accaparés de
longue main ! Mais si l'on gagnait de l'argent, il était
galamment dépensé. « Malgré la misère publique,
des bals et un jeu effroyable, » écrit à sa mère Montcalm indigné, et Doreil ajoute dans une dépêche au
ministre : « Nonobstant l'ordonnance de 1744 pour
» défendre les jeux de hasard dans les colonies, on a
» joué ici chez l'intendant jusqu'au mercredi des Cen-
» dres, un jeu à faire trembler les plus intrépides
» joueurs. M. Bigot y a perdu plus de 200 000 livres.»
Faut-il ajouter que la galanterie était de la fête ?
Il semblait que tous les vices de la vieille Europe
fussent venus se retremper sur la jeune terre
d'Amérique.

Plus la saison avançait, plus les privations augmentaient. Que sera-ce si la croisière anglaise intercepte au mois de mai les arrivages de France ! « L'article des vivres me fait frémir, » disait Montcalm. Depuis six semaines, la population, « qui continuait à
prendre son mal en patience », était réduite à deux

onces de pain par jour, et quel pain ! quand les navires de France parurent. « Il nous est arrivé, dans la
» rade de Québec, une frégate, une prise anglaise que
» la frégate a faite chemin faisant, et dix navires char-
» gés, partis de Bordeaux, portant des vivres arrivés au
» dernier moment, le peuple commençant à brouter,
» et la subsistance du soldat réduite à demi-livre de
» pain encore pour un mois. » Pour la malheureuse
colonie, ce fut un rayon de bonheur ; on mangeait
du pain, du vrai pain ! — Cependant l'ennemi avait
capturé plusieurs bâtiments français, entre autres le
Foudroyant, sur lequel étaient embarquées une
partie des provisions personnelles du pauvre Montcalm. « Les douze caisses, venues de Montpellier, ont
» la mine, écrit-il, d'être houspillées ; je crois que
» plus de la moitié de mes provisions est prise ; je
» m'en console, l'argent me touche peu. »

Avec les vivres, les bateaux apportent les lettres
d'Europe, les éloges sur les succès du général devaient y abonder. « Le ministre écrit que ce n'est
plus que d'Amérique que le roi reçoit des bonnes
nouvelles. »

Mais ce qu'il faut chercher surtout dans des lettres
de famille, n'est-ce pas le sentiment domestique ? La
nature si énergique, si résistante de Montcalm, fut-elle susceptible des émotions tendres et des épanchements délicieux du foyer ! Au risque de dépoétiser un
peu notre héros, nous avouerons qu'il ne fut pas ce
qu'on appelait au dix-huitième siècle un homme sensible. Sévèrement élevé et soldat dès l'âge de treize
ans, il paraît avoir introduit dans sa maison quelque
chose qui ressemblait à la discipline militaire ; il fut
un peu mari et père sans phrases, comme il était soldat. Cependant cet homme si laconique, si absolu, si

maître, s'incline profondément devant une grande figure qui plane sur sa vie, la marquise de Montcalm Saint-Véran, sa mère. Vis-à-vis de sa femme, « sa très chère et très aimée », il ne se montre d'abord qu'époux fidèle et protecteur ; mais à mesure que le ciel s'assombrira, à mesure que l'espérance mourra dans son cœur, des soupirs étouffés sortiront de ses lettres : d'année en année l'exilé deviendra plus tendre, plus expansif, jusqu'à s'écrier une fois : « Mon cœur, je » préférerais le plaisir de t'embrasser à celui même de » battre le général Abercromby. » Le jour où ces mots parvinrent à leur adresse dut être le plus beau de la vie de madame de Montcalm, timidement, mais éperdument éprise de son vaillant mari. Parmi ses enfants, il ne se préoccupe guère que des garçons et surtout de l'aîné, le futur chef de la race : à vingt ans, voilà cet aîné colonel et « en belle passe » ; le cadet est l'aide de camp de Chevert. Ils font campagne en Europe, à 1500 lieues de leur père : quand il s'informe de leur sort, on sent parfois trembler sa main.

Avec les nouvelles du foyer, affluent celles de la grande famille, du cher Languedoc ; il y a là, sur la vie provinciale à cette époque, des échappées de vue pittoresques. Les compatriotes de Montcalm prennent leur part de ses succès ; le public de Montpellier « claque des mains en son honneur » ; l'intendant de la province, M. de Saint-Priest, « le préconise en pleins états »[1]. Mais quelle médaille n'a son revers ? plus d'un bon Méridional se persuada que le Saint-Laurent passait sous le pont du Gard : Montcalm est assailli au fond de l'Amérique de pétitions et même de

1. Plusieurs des anciennes provinces du royaume, entre autres le Languedoc, possédaient des états ou assemblées de députés qui s'occupaient des affaires locales, et votaient certains impôts que le roi ne pouvait pas établir à lui seul.

pétitionnaires : il lui tombe sur les bras jusqu'à un boulanger de Lodève. Un boulanger en Canada! « C'est ici un meuble bien inutile, écrit Bougainville ; » cependant on l'a placé dans le service du muni- » tionnaire général ; mais (ajoute avec ironie l'aide de » camp) difficilement y fera-t-il une grosse fortune » s'il n'y est que boulanger ».

Les secours venus de France pour la colonie étaient dérisoires en comparaison des immenses besoins. Quelques vivres, soixante-quinze recrues. « De la poudre, envoyez au moins de la poudre », écrira Montcalm ; il est impossible d'en éviter la consommation » à la guerre. Sans les munitions que nous ont fournies » successivement la Belle-Rivière, Chouaguen et le fort » George, je n'aurais eu ni assez pour attaquer, ni assez » pour me défendre ». Le génie voit loin et pense à l'avenir ; la décadence et l'égoïsme ont la vue courte ; la France de Louis XV, égoïste comme son roi, n'apercevait dans les charges de la guerre en Amérique qu'un surcroît de dépense inutile. Ce rôle si doux, si charmant de nourrice de la pauvre petite colonie qui souffrait tout pour l'amour d'elle, souriait peu à cette frivole mère-patrie. A vrai dire, personne ne savait le prix du Canada ; il fallut la paix de Paris pour ouvrir les yeux aux Français. On comprit alors qu'une colonie que le vainqueur, suivant l'expression de Chesterfield, payait 80 000 000 liv. sterling[1], avait peut-être quelque valeur. Quoi qu'il en soit, telle était l'horreur inspirée alors aux Canadiens par le joug de l'Angleterre, si admirable se montrait notre petite armée, que si quelque secours fût venu de l'Europe, tout était encore possible en 1758 ; mais il ne vint d'outre-mer qu'une nouvelle armée anglaise.

1. Deux milliards de francs.

Les victoires de Frédéric II à Rosbach et à Leuthen à la fin de 1757 avaient relevé la fortune de l'Angleterre sur le continent européen. La France, au lieu de s'en tenir à la lutte nationale et toute défensive entreprise contre l'Angleterre, s'était laissé fourvoyer par des intrigues féminines dans la fatale guerre d'Allemagne. Ce gouffre dévorait tout : les talents des Estrées, des Broglie, des Chevert, étaient aussi inutiles que le dévouement de d'Assas, tandis que Pitt disposait des troupes anglaises pour conquérir nos colonies. A peine au pouvoir, il envoya en Amérique deux mille montagnards jacobites d'Ecosse, rebelles dans leur pays et serviteurs fidèles au dehors[1]. De nombreux bataillons réguliers avec un immense matériel les suivirent sur une flotte commandée par l'amiral Boscaven. Mais ce n'était pas assez pour Pitt : dans sa pensée, la conquête de la Nouvelle-France devait être une grande œuvre nationale : il appela aux armes les Anglo-Américains, et ils se levèrent à sa voix. « Le génie de Pitt, et son respect pour les droits des colonies, la perspective de conquérir le Canada et l'Ouest, et de vagues et infinis présages de grandeur à venir éveillèrent en elles le zèle le plus ardent[2]. » A l'ouverture de la campagne de 1758, 20 000 miliciens étaient sous les armes. Les levées de la Nouvelle-Angleterre, du New-York et du New-Jersey furent destinées à agir sur la frontière du nord, pendant que les Pensylvaniens et les Virginiens opèreraient du côté de l'Ohio. La flotte et une partie des troupes ré-

---

1. On appelait *Jacobites* les partisans de la dynastie des Stuarts, qui, à diverses reprises, se soulevèrent, surtout dans les montagnes de l'Écosse, pour remettre sur le trône les descendants du roi Jacques II, chassé d'Angleterre par la révolution de 1688.
2. Bancroft, *Histoire des États-Unis*.

glées reçurent pour mission de prendre Louisbourg, dans l'île du Cap-Breton ou île Royale, la clef du golfe Saint-Laurent.

Pour résister à la formidable invasion qui se préparait sur trois points, quelles étaient en Amérique les forces de la France? A Louisbourg, cinq vaisseaux et une garnison de six mille hommes. Dans le Canada, sous les ordres de Montcalm, sept mille soldats des troupes de France et de la colonie, les sauvages et les miliciens. Un mot sur ces derniers. Grands, robustes, accoutumés en cas de nécessité à vivre de peu, bons tireurs, rompus à la vie des bois, issus pour la plupart de familles militaires, les Canadiens semblaient éminemment propres à la guerre. Et cependant Montcalm les comptait pour peu; officier de la vieille école, il ne se fiait qu'aux bataillons de ligne. Selon lui « des soldats qu'on ne peut garder cinq mois en campagne ne pourront jamais lutter contre des troupes régulières ».

On lui fit un crime de cette opinion. « A l'égard de » la valeur, répondit-il au ministre en se justifiant, » nul ne rend aux Canadiens plus de justice que moi » et les Français, mais je ne les emploierai que dans » leur genre et je chercherai à étayer leur bravoure de » l'avantage des bois et de celle des troupes réglées[1]. » La levée en masse lui inspira jusqu'à la fin peu de confiance, et il paya de sa vie le seul essai qu'il fit en opposant des milices à des régiments de ligne. Montcalm était un classique en art militaire comme en littérature.

Dans l'hiver qui venait de s'écouler, la disette avait tout paralysé. Comment les soldats affaiblis par tant

---

1. Dépêche du 19 février 1758, extraite des *Archives de la Guerre* et publiée par M. Dussieux.

de privations auraient-ils pu soutenir les terribles fatigues d'une campagne sur les glaces? On s'était donc borné à lancer des partis de Peaux-Rouges sur les frontières de New-York, du Massachusetts et de la Pensylvanie ; ils y avaient « levé des chevelures » et saccagé les défrichements... « J'étais allé au prin-
» temps dernier, écrit Montcalm, chanter la guerre
» et festiner avec mes enfants les Iroquois, les Algon-
» quins et les Nippissings ; je suis allé cet hiver faire
» même cérémonie chez les Hurons et Abenakis. Les
» sauvages m'aiment vraiment beaucoup, et moi je
» leur trouve souvent plus de vérité qu'à ceux qui se
» piquent de police. » Dès le printemps, nos belliqueux alliés, qui avaient pris goût aux expéditions, pressaient Montcalm en plein conseil. « Sommes-nous des femmes ou des guerriers? » demandaient-ils. Avec quelle joie il les eût menés jusqu'à New-York ou à Philadelphie. Son génie actif, hardi et plein de ressources était fait pour une telle entreprise. Hélas! c'était un rêve. A peine, avec les forces dont la Nouvelle-France dispose, pourra-t-elle défendre son propre territoire ; Montcalm ne franchira jamais la frontière : une armée française, cependant, entrera victorieuse dans Philadelphie, mais ce sera vingt-trois ans plus tard. — Le 18 avril 1758, Montcalm écrit à sa mère : « Nous ne pouvons douter que les Anglais qui
» ont reçu du renfort en automne, n'aient dans l'A-
» mérique septentrionale, avec leurs montagnards
» d'Écosse, vingt-trois bataillons de troupes de la
» vieille Angleterre bien complets. Quand même nous
» ne ferions qu'une défensive, pourvu qu'elle arrête
» l'ennemi, elle ne sera pas sans mérite. Imaginez
» que je ne puis être en campagne avec des forces
» médiocres avant six semaines, et toujours obligé

» de licencier moitié de mon armée pour la récolte.
» Ne serai-je jamais en Europe à la tête d'une armée
» où ces obstacles ne se rencontreront pas! Pour
» cette année ci, je croirai faire beaucoup de parer à
» tout : ainsi n'attendez-rien de brillant; je veux être
» Fabius plus qu'Annibal, et c'est nécessaire....... »
Montcalm était trop modeste, il pouvait promettre du
brillant et même du très brillant. La bataille de
Carillon que nous allons raconter est un des faits
d'armes les plus étonnants et les plus inconnus
accomplis par la vieille infanterie française.

Où les Anglais frapperaient-ils le grand coup?
C'était le secret du plan de campagne. On finit cependant par savoir que le nouveau généralissime Abercromby concentrait l'armée d'invasion au pied même des ruines de William Henry. Les troupes régulières, Royal-Américain, les bataillons écossais, les régiments de ligne avec leurs grenadiers, s'y rendaient par la vallée de l'Hudson. — Déjà des corps de partisans, des sauvages alliés, et dix mille miliciens y étaient réunis. A ces volontaires venant, presque tous, des colonies puritaines de la Nouvelle-Angleterre, à ces fils des ardents et sombres Indépendants[1], on montre de loin le Canada français, papiste et féodal : on leur prêche, au milieu du camp, « le re-renouvellement des jours où Moïse, la verge de Dieu à la main, envoyait Josué contre Amalec. »

Le lieu de concentration connu, le plan d'invasion est révélé. Du lac du Saint-Sacrement, les Anglais descendront dans le Champlain, et par la rivière

---

1. Secte républicaine des Presbytériens ou Puritains, qui en Angleterre eut pour chef Olivier Cromwell. Après la restauration royaliste de 1660, la plupart des *Indépendants* émigrèrent en Amérique et s'établirent de préférence dans les colonies du nord-est, qui formaient un groupe à part, connu sous le nom de Nouvelle-Angleterre.

Richelieu qui en sort, ils déboucheront dans le Saint-Laurent près de Montréal, coupant ainsi en deux la colonie française. Mais, pour le succès de cette campagne, il leur fallait d'abord enlever Carillon. Ce fort commandait en amont la courte rivière de la Chute ou de Saint-Frédéric, par laquelle les eaux du lac Saint-Sacrement, après avoir écumé sur des rapides, se déversent dans le Champlain. C'est devant Carillon que Montcalm va attendre les Anglais [1].

Son plan était aussi simple qu'ingénieux. Sur la lisière des bois qui, sauf du côté du lac, entourent le fort, s'élève à une demi-portée de canon, devant la place, un mamelon qui la domine. C'était la clef de la position. On décida d'enfermer cette éminence, ainsi que le fort lui-même, dans un retranchement bastionné construit avec des troncs superposés : en même temps on déboiserait les entours, et les arbres abattus là resteraient à terre, leurs branches aiguisées servant de chevaux de frise. Avant tout, il fallait gagner du temps pour achever l'enceinte et pour attendre les renforts que le général suppliait le gouverneur d'envoyer sans perdre une heure. Il n'y avait alors, autour de Carillon, que deux mille huit cents soldats de France et quatre cent cinquante Canadiens. Le gros des forces françaises, y compris les sauvages, était campé aux portes de Montréal ou réparti dans les garnisons. Cependant la descente de l'ennemi était imminente : neuf cents bateaux, cent trente-cinq grandes chaloupes, étaient amarrés devant William Henry : l'artillerie et le matériel déjà chargés sur les radeaux.

Par une manœuvre audacieuse, Montcalm se porte

---

1. Voir la carte n° 2 à la fin du volume.

en avant, et s'établit sur le bord du lac supérieur, comme s'il voulait prendre l'offensive. — Abercromby, dérouté, retarde de quatre jours le départ de ses troupes et attend jusqu'au 6 juillet pour oser traverser le lac avec ses vingt mille soldats[1]. Devant les Anglais, la retraite se fit le long de la rivière de la Chute avec une telle audace et un tel ordre, qu'on n'eût pas perdu un homme, si un corps détaché de trois cents volontaires, s'égarant dans les bois, ne fût tombé au milieu d'une colonne ennemie qui l'extermina. Cet unique succès coûta cher aux Anglais, car la première balle française tua le brigadier général, lord Howe, l'âme de l'expédition, dont Abercromby n'était que le chef officiel.

Pendant la retraite, Montcalm avait jugé son adversaire, et il écrivit, chemin faisant, à Vaudreuil ce billet : « J'espère beaucoup de la volonté et de la valeur des troupes françaises ; je vois que ces gens-là marchent avec précaution et tâtonnent : s'ils me donnent le temps de gagner les hauteurs de Carillon, je les battrai. »

En s'arrêtant le 6 juillet au soir sous le canon du fort, les troupes aperçurent le nouveau retranchement de huit à neuf pieds de hauteur : il suivait les sinuosités du sol et tous ses bastions de bois se flanquaient réciproquement. Des batteries improvisées et le canon du fort balayaient le bord de l'eau et, à droite, quelques trouées qu'on n'eut pas le temps de fermer. Mais l'abatis projeté pour défendre les approches restait à faire.

« Le lendemain, les officiers, la hache à la main,

---

1. Le rapport officiel d'Abercromby, adressé à Pitt, avoue le chiffre de 17 000 hommes. — Les Français ont prétendu que le nombre des Anglais était de 25 000 ; le chiffre de 20 000 paraît être exact.

donnent l'exemple, « les drapeaux plantés sur l'ouvrage. » Les érables tombent sur les bouleaux, les hêtres pourpres sur les pins. L'armée travaillait de bon cœur, cependant elle cherchait des yeux le brave Lévis : « Où est Lévis? » Enfin, le voici : « Vive Lévis ! » il accourait du pays des Cinq-Nations avec quatre cents soldats d'élite. — Grâce à ce renfort, le seul qui parvînt à temps, le nombre des combattants sera de trois mille cinq cents.

On couche au bivouac : dès l'aube, la générale réveille les bûcherons et la hache de frapper encore. A midi et demi, un coup de canon retentit, c'était le signal. Chaque bataillon, l'arme au bras, est dans son bastion, Royal-Roussillon au centre, avec son drapeau d'ordonnance rouge et bleu. Le soleil de juillet, brûlant en ce climat, « un soleil de Naples », calcinait les rives de Champlain. « Mes enfants, la journée sera chaude, » dit Montcalm en jetant à terre son habit. Déjà aux sons aigus du fifre et de la cornemuse, les Anglo-Américains s'élançaient dans la clairière en quatre colonnes, grenadiers en tête et chasseurs sur les flancs.

L'ennemi à cinquante pas du retranchement, les fusils français, jusqu'alors immobiles, s'abaissèrent sur toute la ligne : trois mille balles sifflèrent à la fois ; décharge foudroyante au milieu des rangs déjà rompus par les obstacles des abords. — Les Anglais vacillèrent sous le plomb, reculèrent, puis revinrent intrépidement à la charge, pour reculer encore et revenir pendant six heures de suite. Effroyable va-et-vient, entremêlé de sorties à la baïonnette, au milieu de l'abatis d'arbres enflammés par la fusillade.

Dans l'intervalle des attaques, quand la fumée s'était éclaircie, l'on entrevoyait des fantassins en uniforme blanc sauter du haut des bastions pour éteindre le branchage en feu ; puis çà et là, plantés sur le parapet, des drapeaux dont le vent du lac soulevait la soie trouée par les balles. Devant les retranchements, partout des morts et des blessés en habits rouges, culbutés ou accrochés dans les branches de l'abatis ; à droite, aboutissant au pied même du bastion, un monceau de cadavres aux jambes nues, aux vêtements bigarrés : c'était là que les montagnards écossais avaient donné l'assaut.

Le canon gronda aussi du côté de la rivière : vingt pontons armés descendus à la chute s'approchèrent pour jeter à terre des troupes de débarquement ; mais Montcalm avait tout prévu : des volontaires postés le long de la rive reçurent « de bonne grâce » les embarcations, et le canon du fort en ayant coulé deux, les autres s'enfuirent à force de rames.

Vers sept heures du soir les attaques cessèrent, le feu continua sur la lisière de la forêt ; à huit heures, il s'éteignit. — Était-ce possible ? les Français ne purent croire d'abord à leur succès. Toute la nuit se passa à compléter le retranchement qu'on s'attendait à voir attaqué le lendemain par l'artillerie. Mais l'ennemi ne revint pas, le découragement des troupes qui s'étaient crues assurées d'une facile victoire, l'ineptie du général, l'ombre de ces grands bois si redoutables dans les ténèbres, avaient changé l'arrêt en retraite, la retraite en panique. Les Anglais s'étaient précipités vers leurs bateaux et traversaient déjà le lac Saint-Sacrement, laissant derrière eux plus de quatre mille morts ou blessés ; les Écossais seuls avaient perdu neuf cent cinquante soldats et presque tous leurs officiers. Pour cette année-là, le Canada était sauvé. « L'armée, et trop petite armée du roi, écri-

» vait Montcalm à Dorei le soir même de la bataille,
» vient de battre ses ennemis, quelle journée pour la
» France ! Si j'avais eu deux cents sauvages pour servir
» de tête à un détachement de mille hommes d'élite
» dont j'aurais confié le commandement au chevalier

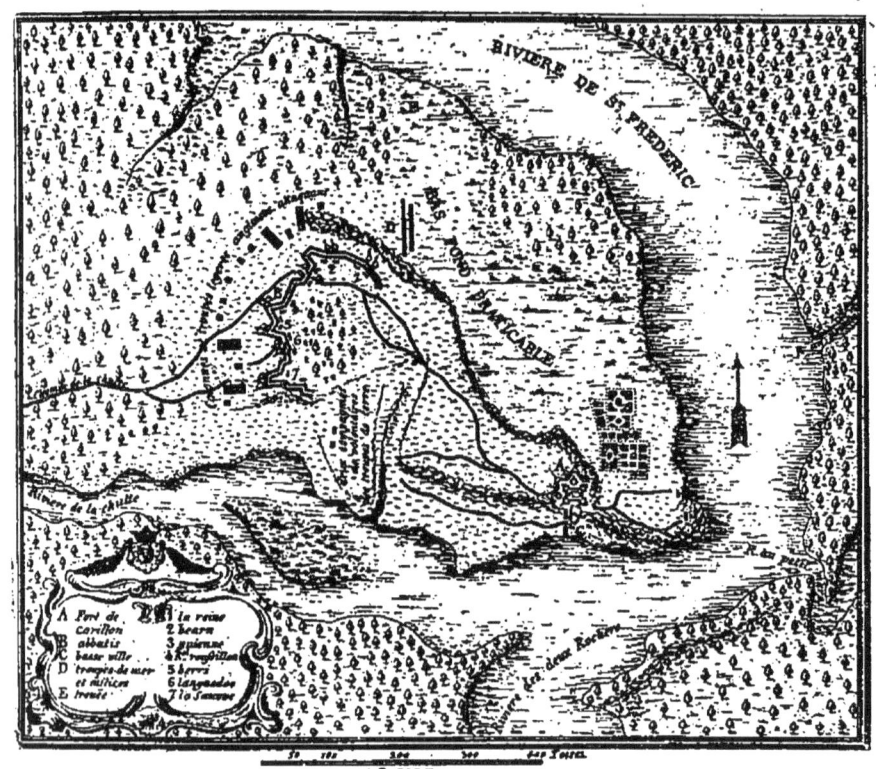

BATAILLE DE CARILLON
(d'après un plan inédit de l'époque).

» de Lévis, il n'en serait pas échappé beaucoup dans
» leur fuite. — Ah ! quelles troupes, mon cher Do-
» reil, que les nôtres ! Je n'en ai jamais vu de pa-
» reilles[1]. »

Le rapport officiel rédigé par le vainqueur sur

---

1. Le texte de ce billet a été imprimé dans le *Mercure de France* de 1760, après la mort de Montcalm.

cette brillante affaire est empreint d'une simplicité antique. Après que chacun a reçu sa part d'éloges, après avoir dit que « M. de Lévis, avec plusieurs coups de feu dans ses habits, et M. de Bourlamaque dangereusement blessé, ont eu la plus grande part à la gloire de cette journée, » il ajoute : « Le succès est dû à la va-
» leur incroyable de l'officier et du soldat; pour moi,
» je n'ai eu que le mérite de me trouver général de
» troupes aussi valeureuses. » Le succès était grand, mais chèrement payé. Dans les deux journées du 6 et du 8, les Français avaient perdu plus de sept cents combattants, chiffre énorme dans une si petite armée, où le prix d'un homme se multipliait par le carré des distances entre la France et l'Amérique. Bougainville était blessé à la tête, Bourlamaque avait l'épaule brisée. Malgré mille dangers bravés, Montcalm restait sain et sauf : après avoir choisi comme quartier général le sommet du mamelon central pour embrasser toute l'action, il s'était, de là, précipité, tour à tour, avec les piquets de réserve, à chaque point du retranchement où la résistance avait chancelé.

A la nuit des cris formidables firent retentir les voûtes de la forêt canadienne : c'était l'armée française qui, à la lueur des torches de pins, saluait son général. A cette heure-là de sa vie, Montcalm connut le délire de la victoire; mais son cœur était trop fortement trempé pour ne pas être à l'épreuve des surprises enivrantes de la fortune. Deux jours après la bataille, se dressait sur le mamelon une grande croix de bois avec cette inscription pleine d'humilité et composée par le général :

Quid dux?.quid miles? quid strata ingentia ligna?
En signum! En victor! Deus hic, Deus ipse triumphat[1].

1. Ne vantez ni le chef, ni les soldats, ni ces bois abattus : voici

Telle fut la bataille de Carillon, fait d'armes aussi héroïque qu'inconnu. Pauvre victoire délaissée dont l'histoire de France garde à peine la trace ! Son souvenir semble s'être envolé avec le bruit des cloches qui en sonnèrent le *Te Deum*. La forteresse, témoin de cette lutte épique, a été détruite par les Français eux-mêmes : où fut Carillon, les Anglais ont bâti Tincondéroga. Comme vestige de la journée du 8 juillet 1758, il ne reste qu'un vieux drapeau français, retrouvé à Québec au fond d'un grenier. Dans leurs fêtes nationales, les Franco-Canadiens, qui, eux, n'ont rien oublié, portent aujourd'hui avec orgueil le vieux guidon sous lequel les aïeux ont combattu pour la patrie.

Cependant le général victorieux crut avoir le droit de demander une récompense ; la seule qu'il sollicite, c'est d'être rappelé : « Si jamais, écrit-il au ministre le
» 12 juillet, il y a eu un corps de troupes digne de
» grâces, c'est celui que j'ai l'honneur de commander ;
» aussi je vous supplie, monseigneur, de l'en com-
» bler. Pour moi, je ne vous en demande d'autre que
» de me faire accorder par le roi mon retour : ma
» santé s'use, ma bourse s'épuise. Je devrai 10 000
» écus au trésorier de la colonie, et plus que tout en-
» core, l'impossibilité où je suis de faire le bien et
» d'empêcher le mal, me détermine à supplier avec
» instance Sa Majesté de m'accorder cette grâce, la
» seule que j'ambitionne ; jusqu'alors je donnerai vo-
» lontiers le dernier souffle de ma vie pour son ser-
» vice. » En attendant qu'on connût la volonté du roi, il fallait rester à son poste et tenir en échec l'armée d'Abercromby. Ralliée près des ruines de William Henry, elle s'y était fortifiée, et, encore quatre fois

l'étendard ! voici le vainqueur ! c'est Dieu, oui c'est Dieu qui seul, ici, triomphe !

supérieure en nombre, menaçait toujours d'un retour offensif la petite armée de Montcalm dans son camp de Carillon.

Pendant ce temps, de graves évènements s'accomplissaient à trois cents lieues de là : le cercle de l'invasion que la défaite des Anglais sur les bords de Champlain avait détendu au centre, s'était resserré aux extrémités. Le Saint-Laurent, ce prodigieux cours d'eau, tour à tour lac, fleuve, cataracte, océan, était alors comme aujourd'hui la grande artère du Canada; mais à cette époque il était en outre l'unique accès du pays. Pour y assurer l'entrée à leurs vaisseaux, les Français avaient construit, à grands frais, dans l'île Royale ou du Cap-Breton, qui commande l'entrée du golfe Saint-Laurent, une place forte, ville de quatre mille âmes, avec un vaste port; c'était Louisbourg, le Dunkerque de l'Amérique. Depuis les premiers jours de juin 1758, la ville était assiégée par terre et par mer. Au bout de deux mois, on se rendit à l'amiral Boscawen et au général Amherst. Dès lors le Saint-Laurent fut ouvert aux Anglais, en même temps qu'il se fermait pour les Français. La citadelle était retournée contre la place.

Un mois après cette catastrophe, un partisan américain, Bradsteet, à la tête de trois mille de ses compatriotes, s'embarquait sur le lac Ontario, près des ruines du fort détruit en 1756, et s'en allait venger Chouaguen sur Frontenac, défendu par une garnison de soixante-dix hommes. « Les ennemis, écrit Mont-
» calm, se sont emparés du fort de Frontenac, qui, à
» la vérité, ne valait rien ; mais ce qu'il y a de plus
» fâcheux, ils ont pris beaucoup de vivres, beaucoup
» de marchandises, quatre-vingts canons grands et
» petits, et détruit la marine, qui était due à ma prise

» de Chouaguen, en brûlant cinq de nos bâtiments et
» en emmenant deux; cette marine nous assurait la
» supériorité sur le lac Ontario que nous perdons en
» ce moment. » En même temps à l'ouest, un corps
de six mille hommes, sous les ordres du général
Forbes et du colonel Washington, s'approchait du
fort Duquesne. Peu à peu on remarquait dans les pays
d'en haut le refroidissement des sauvages; les Anglais leur offraient une grosse prime par chevelure et
les comblaient de présents qui n'étaient pas en argent
faux, comme les ouvrages que Bigot faisait fabriquer.
Les Iroquois, nos vieux ennemis, se renfermaient
dans une neutralité menaçante : déjà beaucoup de
leurs guerriers avaient paru dans le camp anglais.

A la nouvelle de tant de désastres et de tant de
périls, Montcalm oublie ses déceptions, ses humiliations, ses pressentiments : il se relève, il se retrouve;
aux grands courages, il faut les grands dangers.
« J'avais demandé, écrit-il au ministre, mon rappel
» après la glorieuse journée du 8 juillet ; mais puisque
» les affaires de la colonie vont mal, c'est à moi à tâ-
» cher de les réparer ou d'en retarder la perte le plus
» qu'il sera possible. »

Ce n'est pas que Montcalm eût la moindre illusion.
Le 1ᵉʳ septembre, il exposait ainsi au ministre, par
dépêche chiffrée, le véritable état du Canada à cette
époque : « Monseigneur, la situation de la Nouvelle-
» France est des plus critiques, si la paix ne vient pas
» au secours. Les Anglais réunissent avec les troupes
» de leurs colonies mieux de cinquante mille hommes ;
» nonobstant l'entreprise de Louisbourg, ils en ont
» eu trente mille qui ont agi cette campagne vis-à-vis
» le Canada. Qu'opposer à cela? huit bataillons qui
» font trois mille deux cents hommes ; le reste, troupes

» de la colonie, dont mille deux cents seulement en
» campagne, le surplus à Québec, Montréal, la Belle-
» Rivière, pays d'en haut; puis les Canadiens : il n'y
» en a eu cette année en campagne qu'environ mille
» deux cents. J'appelle en campagne ceux qui l'ont
» faite entière. On a prêté deux mille quatre cents
» Canadiens depuis le 13 juillet qu'on n'en avait plus
» besoin jusqu'au 12 août qu'on les a demandés pour
» la récolte. Pourrait-on en tirer meilleur parti? je
» le crois : cependant on n'en pourra jamais tenir
» pendant cinq mois au delà de trois mille, sans
» ruiner le pays. Les Sauvages sont bons pour les
» courses, il ne faut pas compter sur eux pour le fond
» d'une armée. Avec si peu de forces, comment gar-
» der sans miracle, depuis l'Ohio jusqu'au lac Saint-
» Sacrement, et s'occuper de la descente à Québec,
» chose possible? Qui écrira le contraire de ce que
» j'avance, trompera le roi : quelque peu agréable que
» cela soit, je dois le dire comme citoyen. Ce n'est pas
» découragement de ma part ni de celle des troupes,
» résolus de nous ensevelir sous les ruines de la co-
» lonie; mais les Anglais mettent sur pied trop de
» forces dans ce continent pour croire que les nôtres
» y résistent et attendre une continuation de miracles
» qui sauve la colonie de trois attaques [1]. »

1. Dépôt de la guerre, 1 vol. 3498.

CHAPITRE VII

Le froid a paru : déjà les bandes d'outardes et les autres troupes émigrantes, se hâtant vers les chaudes Florides, ont passé au-dessus du camp de Carillon, l'hiver est proche, la campagne va finir. Avant de quitter le théâtre de sa victoire, Montcalm écrit à sa femme et il laisse entrevoir une partie de la vérité qu'il a révélée au ministre.

« En voilà, Dieu merci ! jusqu'aux premiers jours
» de mai, car si Dieu n'y met la main, il faudra se
» battre courageusement la campagne prochaine. Nous
» avons, le 13 septembre, battu une avant-garde de
» neuf cents hommes à la Belle-Rivière, mais nous
» sommes inquiets que les six mille sous Forbes
» n'aient pris revanche. Les Anglais ont eu cette année
» à Louisbourg, ici, ou à la Belle-Rivière, de cinquante
» à soixante mille hommes en campagne, et nous, je
» n'ose l'écrire. Adieu, mon cœur, je soupire après la
» paix et toi; aimez-moi tous. Quand reverrai-je mon
» Candiac ! Il faut que ma santé soit bonne, mais elle
» s'use par le travail, car il faut être ici tout et de tout
» métier, bonne école pour le détail. Je t'aime plus
» que jamais. »

En regagnant ses quartiers d'hiver, l'armée essuya sur le lac Champlain une violente bourrasque, suivie d'un froid soudain qui menaça d'enchaîner au milieu des glaces la pauvre flottille. Chacun y courut quelque risque ; « mais pour moi, ajouta gaiement Montcalm, » j'avais au milieu de la tempête le bateau qui por- » tait César et sa fortune. » Dans ce mot échappé à sa plume, le vainqueur de Carillon s'est-il trahi? Ses ennemis, on sait à son éternel honneur qu'il n'en manquait pas, ont essayé de faire de lui un ambitieux. On a même vu un historien canadien se laisser égarer dans cette voie. Montcalm rêvait, dit-on, le bâton de maréchal de France. C'est vrai ! et jamais le bâton fleurdelisé n'eût été dans une main plus digne. Par malheur, la France n'eut pas alors beaucoup d'ambitieux comme lui. Toutes les nobles ambitions, il était digne de les éprouver. Cet homme de guerre, tant épris des beautés de l'antiquité et d'un esprit si cultivé, aspirait à un autre honneur, à une place à l'Académie des Inscriptions et Belles-Lettres. Mais il n'obtiendra de cette Académie qu'une épitaphe[1].

Il y avait peut-être pour la colonie quelque chose de plus affreux que l'avenir, c'était le présent. Tout commerce, toute industrie avaient cessé ; le Canada n'était plus qu'une place assiégée ; la monnaie obsidionale, le papier, se dépréciait chaque jour davantage ; la ruine partout et pour tous. Le pire était que le Canada avait encore faim ; le terrible hiver de 1758 et une culture insuffisante, suite du manque de bras, avaient fait avorter la nouvelle récolte comme la précédente. De loin en loin un navire, franchissant à tire-d'aile la croisière anglaise, apportait quelques vivres que Bigot vendait à Québec dans une maison à

---

1. Cette épitaphe, composée par l'Académie des Inscriptions en 1760, a été gravée sur le tombeau érigé à Montcalm, en 1859, par les habitants de Québec.

LAC CHAMPLAIN.

laquelle est resté le surnom de « la Friponne »; puis il fallait attendre de nouveau que l'insouciante métropole jetât un morceau de pain à cette fâcheuse colonie qui mangeait trop. Quand Paris avait bien dîné, le Canada était rassasié.

Le cœur de Montcalm se déchirait; au milieu de la misère publique, le général était le témoin de détresses inconnues. Les simples soldats souffraient; cependant, mis en pension chez l'habitant aisé, ils vivaient à peu près. Mais les officiers! Depuis deux ans leur chef, endetté lui-même de 26 000 livres, par la dépense exorbitante d'un état de maison obligatoire, sollicite, implore pour eux quelque supplément de solde, ou du moins le paiement en espèces. « Les » réclamations sont restées sans effet et même sans » réponse. » Ces officiers victorieux vivent d'expédients et de charités secrètes dans la colonie qu'ils ont sauvée. L'histoire le croira-t-elle? il y a eu les pauvres honteux de Carillon! Qui saura jamais ce qu'un uniforme usé peut recouvrir de souffrances, de résignation et de désintéressement! Enfin la misère est telle, que Montcalm somme l'intendant de payer 20 sous par jour à chaque lieutenant : « Vous » avez, lui écrit-il, secouru l'année dernière le peu- » ple; l'officier chargé de le défendre devient peuple » toutes les fois que ses appointements ne lui donnent » pas de quoi vivre[1]. »

[1]. Nous trouvons dans une lettre inédite de Montcalm à la marquise de Saint-Véran l'indication du prix de quelques denrées de première nécessité; pour se rendre compte aujourd'hui du prix réel, il faut au moins doubler : bœuf, la livre, 30 à 40 sous; pain, 10 sous; sel, 45 fr. le minot; la pinte de vin, 10 francs; les œufs, la douzaine, 3 francs; souliers, 30 à 40 francs la paire. « Le lieutenant, ajoute-t-il, meurt de faim avec ses 115 francs par mois, ainsi que son général avec ses 25 000 francs par an, qui en doit autant, et mange la solde de l'année prochaine! »

Vers la fin de l'automne le général eut une joie; qu'elles étaient rares alors! Il parvint à faire partir à la fois pour la France l'honnête Doreil et le fidèle Bougainville : il donna à chacun ses instructions. Enfin un rayon de lumière va pénétrer dans l'ombre où se traitent les affaires de la colonie.

Voici comment il présente Bougainville au ministre de la guerre.

« Vous avez là un officier capable de vous instruire de
» tout sans réserve. Il importe au bien de l'État qu'un
» ministre comme vous soit instruit d'un pays d'où
» la vérité n'a jamais paru. Ce ne sera pas le sieur
» *Pean*, capitaine de la colonie, envoyé au mois d'août,
» qui vraisemblablement l'y aura fait parvenir. Cet
» homme, bras droit de M. Bigot, riche à millions, est
» l'auteur du commerce exclusif. Ma naissance, ma
» place, mon caractère, ne me permettent pas d'être
» l'écho des clameurs publiques, sur lesquelles l'habileté
» des intéressés ferait échouer les preuves
» juridiques; mais, citoyen et serviteur de mon roi,
» j'expose avec confiance mes gémissements à mon
» seul ministre. »

En même temps il annonce à sa famille l'arrivée de ses deux amis : « Bougainville passe en France, M. Doreil y passe aussi. Dans les circonstances il fallait des lettres vivantes. Parviendront-elles? »

Un dernier bateau part le 21 novembre, et Montcalm écrit encore : « Vous me saurez gré, ma mère,
» de vous écrire jusqu'au dernier moment pour vous
» répéter cent fois, qu'occupé du destin de la Nouvelle-
» France, de la conservation des troupes, de l'intérêt
» de l'Etat et de ma propre gloire, je songe toujours
» à vous tous. Nous avons fait de notre mieux en 1756,
» 1577 et 1758, ainsi soit en 1759, Dieu aidant, si

» vous ne faites la paix en Europe. Je combattrai au
» mieux avec ce que j'aurai, un contre six ! » Puis
la porte de glace se referme sur le prisonnier. Pendant six mois, pas une lettre ne partira ni n'entrera.

Quel hiver! Qu'il était loin ce joyeux carnaval de 1756!

A la fin de l'année, le bruit se répand que le fort Duquesne est évacué, que Duquesne a sauté. En effet l'armée de Forbes s'avançant prudemment à travers ces forêts, où Braddock avait péri cinq ans auparavant, était arrivée près de la fourche de l'Ohio. L'avant-garde anglaise avait été battue le 23 septembre, mais, à l'approche du gros de l'armée ennemie, M. de Ligneris, commandant de la place, envoya par eau l'artillerie au poste des Illinois et remonta avec sa garnison de trois cents hommes au « prétendu fort Machault », vers le lac Érié.

Avant de dire pour jamais adieu à la Belle-Rivière, les Français firent sauter le trop fameux fort Duquesne. Ainsi disparut dans les flammes le berceau de la guerre de Sept Ans. Les rivages déserts de l'Ohio changèrent de maîtres sans le savoir; Louisville, Cincinnati, Pittsburg et tant d'autres grandes cités nées sur les bord du beau fleuve exploré par nos pères ne furent jamais à nous. C'est souvent le sort de notre France : avec le fer de l'épée ou de la charrue, elle ouvre le sillon, puis d'autres nations viennent derrière qui sèment et qui récoltent.

CHAPITRE VIII

Pendant ce temps, le sort de Montcalm et de la Nouvelle-France s'agitait à Versailles. Bougainville et Doreil, chacun de son côté, arrivés à bon port, s'acquittaient de leur mission. La cour, si habituée à des défaites, accueillit avec faveur et non sans curiosité ces Français qui avaient vu des victoires. « M. de Montcalm étonne ici. » C'est la première impression que reçoit Bougainville et qu'il transmet à la marquise de Saint-Véran. Tout ce qu'il demandait au nom de son général, il l'obtint : « Récompenses pour l'armée, » augmentation de solde, et toutes les facilités de faire » le bien sans être barré dans ses opérations. Malheu- » reusement, continue Bougainville, il est bien tard et » je crois que c'est le cas du médecin après la mort. »

On nomma le vainqueur de Carillon lieutenant-général, et suivant une lettre de Doreil, M. de Crémille, adjoint au secrétaire d'État de la guerre, demanda en plein conseil des ministres pourquoi, en raison de services si exceptionnels rendus à quinze cents lieues de son pays, on ne pouvait pas déroger aux usages et faire dès à présent un nouveau maréchal de France? Un siècle après, un autre général français recevait en Amérique le bâton de maréchal : Montcalm, lui, n'y trouva que la mort. Heureux Montcalm!

« Du talent, la tête et le cœur chauds, cela mûrira, » avait autrefois écrit le général en parlant de Bougainville. Il est curieux de voir dans la correspondance datée de Versailles combien cela avait vite mûri et avec quelle prudence le jeune aide de camp s'avançait sur cette mer inconnue de la cour. Le futur navigateur ne verra jamais d'océan plus perfide, et pour s'y guider à cette époque, il eût en vain cherché dans un ciel si sombre l'étoile de la France.

Comment parler de Versailles pendant la guerre de Sept Ans, et oublier la maîtresse du roi, madame de Pompadour, dont le nom est encore maudit par les Canadiens? Quels étaient envers Montcalm les sentiments de la marquise? D'un mot que prononce le circonspect Bougainville, on peut conclure qu'elle fut longtemps hostile au général. Se souvenait-elle qu'il avait jadis refusé d'épouser une de ses cousines? Ne lui pardonnait-elle pas d'être l'ami de M. d'Argenson, un ennemi personnel? « Madame la marquise de Pom» padour paraît rendre enfin à monsieur votre fils toute » la justice qu'il mérite. » Ainsi s'exprime Bougainville, en écrivant à la marquise de Saint-Véran. Dans tous les cas, Montcalm (sa mémoire s'en trouve bien) eut l'honneur de n'être pas le protégé de la favorite. Ses amis et ses protecteurs étaient d'une autre race: ils se nommaient Chevert, Conti, d'Argenson.

Une grande mission avait été confiée à Bougainville et à Doreil au nom du Canada mourant : ils devaient raconter à la France, qui ne voulait pas les savoir, les douleurs de ce noble pays; implorer pour lui des secours en hommes, en vivres, en munitions, si la paix était impossible. Bougainville soumit au gouvernement des cartes détaillées du théâtre de la guerre et plusieurs projets appropriés à toutes les hypothèses.

L'une d'elles, hélas ! la plus vraisemblable, était le triomphe de l'invasion ! le plan pour cette éventualité, le voici : Québec pris, pas de capitulation, retraite de l'armée sur les lacs de l'ouest, et de là, descente par les fleuves jusqu'à la Nouvelle-Orléans, où notre armée, appuyée à la frontière du Mexique, colonie de l'Espagne, notre alliée, continuera au sud la lutte commencée au nord. Ce projet, d'une étonnante hardiesse, l'auteur dut le concevoir après avoir relu Xénophon. Peut-être si Montcalm eût vécu, aurions-nous une page de plus dans notre histoire, car il était, comme le général athénien, aussi capable de raconter que de commander cette autre *Retraite des Dix Mille*.

Le gouvernement délibéra longuement sur la réponse aux cris de détresse de la colonie ; on récapitula les ressources disponibles du royaume : recensement fait des arsenaux, des ports, des magasins et des casernes, la mère-patrie pouvait disposer en faveur de la Nouvelle-France de trois cent vingt-six recrues et du tiers des vivres implorés ! « Monsieur, quand le feu est à la maison, on ne s'occupe pas des écuries, » dit cyniquement à Bougainville un ministre de la marine nommé Berrier. « On ne dira pas du moins que vous parlez en cheval, » répliqua le futur amiral. Berrier venait de dire le dernier mot, la métropole sacrifiait sa fidèle colonie, la mère abandonnait l'enfant.

Était-il possible en 1759 d'arracher le Canada aux serres de William Pitt ? Après un premier mouvement d'indignation, on hésite à répondre. La paix que Montcalm conseillait comme la seule chance de salut n'était pas réalisable au moment où le fatal traité du 30 décembre 1758 venait de nous river davantage à l'Autriche, dont l'intérêt, si opposé au nôtre, était de continuer la guerre. D'ailleurs, l'Angleterre, triomphante dans les Indes, aux Antilles et au Sénégal, eût-elle consenti à désarmer sans la cession du Canada? Il fallait donc poursuivre la lutte, et, malgré l'écrasante supériorité de la marine britannique, tenter l'envoi de dix mille hommes à Québec. Certes, pour la flotte de M. de Conflans, mieux valait couler bas, sous les boulets anglais, en vue de la vieille colonie nationale, que de s'enfouir honteusement dans les vases de la Vilaine, ainsi qu'il arriva quelques mois après. Mais si, à force de bonheur et d'exploits, la croisière eût été forcée, si les troupes eussent débarqué, avec quoi les nourrir dans ce pays déjà épuisé! Terrible dilemme : sans nouveaux défenseurs, la colonie était perdue; avec eux, elle risquait de périr affamée.

Du côté de l'opinion publique, nul espoir. La nation, qui allait bientôt demander compte de la perte de l'Amérique française, était alors le témoin muet de son abandon. Voltaire, le véritable journaliste de cette époque, dans sa prodigieuse correspondance où il parle de tout et de tous, ne prononce pas une seule fois le nom de Montcalm : il se borne à demander, en riant, pendant combien de temps le pauvre genre humain s'égorgera pour quelques arpents de glace au Canada.

Quoi qu'il en soit, de quels poignants regrets on se sent envahi quand on songe que si le gouvernement de Louis XV avait pu lutter quelques années de plus, la carte du monde était peut-être changée! Les Français qui parcourent aujourd'hui l'Amérique seraient entrés par le golfe de Saint-Laurent et sortis par celui du Mexique sans cesser d'être chez eux. En gardant le Canada nous conservions par là même dans le Nouveau-Monde nos territoires de l'Ouest et la Louisiane; pour prix de notre alliance, les États-Unis, lors de la guerre de l'Indépendance, nous eussent volontiers garanti la paisible possession. La France, restée maîtresse des bassins du Saint-Laurent et du Mississipi, suivant le plan qu'avec un éclair de génie Vauba1 avait entrevu dans l'ombre où ces contrées au xviie siècle étaient encore cachées! Quels horizons s'ouvrent devant la pensée! Quelle incalculable puissance dans les affaires du monde! Depuis un siècle, quels débouchés de toute nature! Est-ce trop de dire que plus d'une révolution nous eût été épargnée et que l'Amérique française aurait rendu à sa métropole les services que l'Angleterre demande aujourd'hui à son empire des Indes?

CHAPITRE IX

Sur les bords du Saint-Laurent, les mois succèdent aux mois sans qu'aucune nouvelle ait franchi la muraille de glace ; d'ailleurs qu'espérer ? Montcalm se sait perdu. Du haut du château Saint-Louis qui domine l'horizon, que de fois ses yeux se tournèrent vers l'orient ! c'est le côté de la France. Là-bas, près des flots bleus de la Méditerranée, lui apparaît son Candiac, le nid de la famille, où il ne s'abritera pas de l'orage ; puis, ramenant ses regards sur la ville qui s'étend à ses pieds et dont la garde lui a été confiée, il sent son âme défaillante se retremper dans l'idée du devoir et redit avec son cher Corneille :

> Sans souhait toutefois de pouvoir reculer,
> Ce triste et fier honneur m'émeut sans m'ébranler.

Enfin ce mortel hiver s'achève, un premier bateau va partir pour la France, et Montcalm écrit le 12 avril 1759, à sa femme : « ...L'ennui ne tue pas et je le
» vois bien ; ma santé a été médiocre cet hiver, mais ce
» n'a été que des misères. Je me flatte néanmoins de
» soutenir une campagne où il y aura travail d'esprit
» et travail de corps. Je voudrais avoir un grain de foi
» suffisant pour multiplier les hommes et les vivres.
» Cependant j'espère en Dieu, il a combattu pour moi
» le 8 juillet. Au reste, sa volonté soit faite. Je mène ici

» une vie désagréable ; je me ruine, et incertain tou-
» jours si les nouvelles de France me consoleront, je
» les attends avec autant d'effroi que d'impatience :
» être huit mois sans en recevoir, et qui sait si nous en
» recevrons beaucoup cette année ! Ah ! s'il m'arrive
» quelque récompense et le triste avantage de figurer
» une ou deux fois dans les gazettes, que je l'achète
» cher !..... Le nouveau général anglais (Amherst) a de
» grandes forces et de grands moyens...; nous avons
» sauvé cette colonie l'année dernière par un succès
» qui tient quasi du prodige ; faut-il en espérer un pa-
» reil ? Il faudra au moins le tenter. Quel dommage
» que nous n'ayons pas davantage d'aussi valeureux
» soldats. Le peuple et les sauvages ont confiance en
» moi ; j'ai été deux mois à Québec cet hiver, le bruit
» ridicule et messéant a couru (entre nous) de ma mort
» du poison. Il a fallu, comme dans Corneille, leur
» montrer *Héraclius* pour les calmer. »

Cette lettre navrante n'est pas la seule qu'il écrivit le 12 avril 1759 ; il en existe une autre, celle-là chiffrée et adressée au ministre de la guerre. Toutes les angoisses patriotiques que Montcalm refoulait depuis cinq mois au fond de son cœur jaillissent dans cette dépêche en phrases brèves et saccadées comme des coups de feu. Dans un relief saisissant, les causes de l'inévitable ruine de la colonie apparaissent : ténébreuses voleries, concussions, monstrueuses complicités, sont inondées de lumière. De quels traits ce grand honnête homme peint la curée du Canada aux abois, et l'augmentation des dépenses qui, n'étant que de treize millions de livres en 1757, se sont élevées au double en 1758 et vont monter à trente-six millions, « car, ajoute-t-il, tous se hâtent de faire leur
» fortune avant la perte de la colonie, que plusieurs

» peut-être désirent comme un voile impénétrable de
» leur conduite. » Puis, traitant de la direction des affaires, il récapitule les fautes accumulées pendant l'hiver quand il n'en restait plus une à commettre. Enfin, après avoir comparé les misérables ressources de la colonie aux forces qui vont l'assaillir, il conclut ainsi : « Si la guerre dure, le Canada sera aux Anglais, » peut-être dès cette campagne ou la prochaine ; si la » paix arrive, colonie perdue si tout le gouvernement » n'est pas changé[1]. »

Le 10 mai, Bougainville, nommé colonel avant son départ de France, débarquait à Québec, apportant aux chefs de la colonie les dépêches des ministres ; on sait qu'elles renfermaient un aveu de complète impuissance. Aussi faible au dedans qu'au dehors, ce gouvernement de la décadence ne sévit même pas contre des fonctionnaires dont les crimes lui étaient révélés depuis tant d'années. Aucun châtiment, aucune révocation ne vint frapper les coupables. Rien ne fut changé dans le Canada, il n'y eut que l'espérance de moins.

Montcalm reçoit des mains de son fidèle aide de camp une lettre du secrétaire d'État de la guerre, le maréchal de Belle-Isle, dans laquelle celui-ci essaye de justifier par la nécessité l'abandon de l'armée d'Amérique, et trace au général un plan de défensive très resserrée. La dépêche, tout entière de la main du ministre, se termine par ces lignes fatales : « Il est de » la dernière importance de conserver un pied dans le » Canada, quelque médiocre qu'en soit l'espace, car si » nous l'avions perdu en entier, il serait comme impos-

---

1. La lettre de Montcalm à sa femme dont nous avons cité un fragment est inédite ; celle au ministre que nous venons de résumer a été extraite des Archives de la guerre et publiée par M. Dussieux.

» sible de le ravoir. C'est pour remplir cet objet que le
» roi compte sur votre zèle, votre courage et votre opi-
» niâtreté, et que vous mettrez en œuvre toute votre
» industrie, et que vous communiquerez les mêmes
» sentiments aux officiers principaux et tout en-
» semble aux troupes qui sont sous vos ordres... J'ai
» répondu de vous au roi et je suis bien assuré que
» vous ne me démentirez pas et que pour le bien de
» l'État, la gloire de la nation et votre propre conser-
» vation, vous vous porterez aux plus grandes extré-
» mités plutôt que jamais subir des conditions aussi
» honteuses qu'on a faites à Louisbourg dont vous
» effacerez le souvenir. » C'était la condamnation à
mort de Montcalm; son grand cœur ne s'y méprit pas,
et voici l'accusé de réception de l'arrêt : « J'ose vous
» répondre de mon entier dévouement à sauver cette
» malheureuse colonie ou à mourir. »

Quelle inexorable destinée, ou plutôt quel amour de
cette patrie qui le sacrifiait! Périr pour la France eût
semblé doux à un tel homme, mais se sentir livré par
elle à la mort, n'était-ce pas mourir deux fois? La
victime connaît son sort et elle accepte l'immolation.
Une autre angoisse lui était réservée : en quittant le
port, Bougainville a appris qu'une des filles de son général venait de mourir, mais il ne sait laquelle. « Est-
» ce la pauvre Mirète qui me ressemblait et que j'ai-
» mais tant! » s'écrie le père. Il l'ignorera toujours.

Aux armes! aux armes! Ce cri retentit tout le long
du grand fleuve; le tocsin sonne dans chaque clocher,
pendant qu'au-dessous montent les chants des prières
publiques ordonnées par l'évêque de Québec; les
campagnes sont désertes, martes et castors respi-
rent en paix sans crainte du trappeur; les eaux ne
sont plus troublées par le filet du pêcheur; dans le

Canada, il n'y a que des soldats. On voit des vieillards de quatre-vingts ans et des enfants de douze ans marcher sous le drapeau qui les abrite pour la dernière fois. Dans quelques jours, une proclamation anglaise va leur dire : « Si la folle espérance de nous
» repousser vous porte à nous refuser la neutralité
» que nous vous offrons, attendez-vous à souffrir tout
» ce que la guerre a de plus cruel. Il sera trop tard
» de regretter les efforts de votre courage impru-
» dent, lorsque cet hiver vous verrez périr de faim
» tout ce que vous avez de plus cher. Vous voyez d'un
» côté l'Angleterre qui vous tend une main puissante
» et secourable, de l'autre côté la France incapable
» de vous soutenir, abandonnant votre cause dans le
» moment le plus critique ; votre sort dépend de votre
» choix. » — « Vive la France ! » répondront les Canadiens, affamés, ruinés et décimés.

Trois mille deux cents hommes de troupes de France, quinze cents soldats de la colonie, deux cents cavaliers et douze mille miliciens armés de fusils de chasse, voilà les chiffres officiels des forces françaises à l'ouverture de la campagne de 1759. Un convoi de dix-sept bâtiments guidés par le capitaine Canon, célèbre corsaire de Dunkerque, qui suivait Bougainville, amena trois cent vingt-six recrues, des munitions et quatre-vingts jours de vivres pour le soldat. « C'est toujours quelque chose, écrivait Montcalm au ministre ; le peu est précieux à qui n'a rien. » Défendre le fort Niagara, qui protégeait le cours du Saint-Laurent en amont ; résister, s'il était possible, sur le lac Champlain, pour ne pas laisser l'ennemi couper en deux la colonie ; enfin, concentrer sous les ordres de Montcalm les forces principales, environ douze mille hommes, autour de Québec, objectif évident de l'invasion anglaise, tel était le plan de la défense[1].

Pitt, maître absolu de l'Angleterre, avait résolu d'en finir avec cette poignée d'enfants perdus de la France. L'effort fut proportionné aux ressources immenses dont disposait le gouvernement britannique. Comme l'année précédente, l'ennemi entra par trois côtés. Cette fois la pointe de toutes ses baïonnettes fut dirigée vers le cœur de la colonie, Québec, où les trois armées d'invasion devaient se rejoindre. Néanmoins deux attaques échouèrent ; le général Prideaux, venant de l'ouest, périt à la prise du fort de Niagara, et son armée s'arrêta court au-dessous des rapides du Saint-Laurent ; Amherst, commandant en chef, chargé de descendre, à la tête de douze mille hommes, le Champlain et le Richelieu, ne put jamais déloger Bourlamaque, retranché avec deux mille cinq cents Français et Canadiens dans l'île aux Noix, à l'entrée du Richelieu. Mais c'est de l'est que devait venir, pour notre vieille colonie, le coup mortel.

Vingt-deux vaisseaux de ligne, trente frégates et une multitude de transports ont été rassemblés à Louisbourg ; dix mille soldats sont à bord, la flotte et l'armée ont pour chefs des hommes dont plusieurs deviendront célèbres. A leur tête est un général de trente-deux ans, James Wolfe, choisi entre tous par le grand Pitt lui-même. Pour la première fois, Montcalm rencontre un adversaire digne de lui. En ces deux rivaux se retrouvaient, au plus haut degré, les qualités des deux peuples, alors aux prises pour la souveraineté du Nouveau-Monde ; mais par le dédain de la vie, par l'amour passionné de la gloire, de la

---

1. Voir la carte n° 2.

QUÉBEC.

patrie et des lettres, Wolfe et son rival appartenaient à la même race, à celle des héros.

Au milieu du mois de mai, presque dans le sillage des navires de Bougainville, la flotte anglaise parut sur le Saint-Laurent. Dans cette navigation inconnue et pleine de périls, elle était guidée par un pilote canadien, un transfuge, qui a laissé son nom en otage à l'histoire : Denis de Vitré.

Chaque marée pousse en avant les navires de l'invasion : ils ont franchi le cap Tourmente, puis la grande île d'Orléans. Un gigantesque rocher de granit et d'ardoise, s'élançant de la rive septentrionale, semble barrer le fleuve. Au pied et sur la cime de ce roc, apparaît aux Anglais, sous les rayons d'un soleil de juin, un étonnant assemblage de clochers en branle, de batteries en feu, d'esplanades verdoyantes, d'arbres séculaires, de dômes et de toits métalliques, réfléchissant la lumière comme autant de miroirs ; ville couronnée par une citadelle aux bastions à pic, assise sur un cap de trois cents pieds de hauteur, sortant tout droit du fleuve. Éblouissant tableau, qui se reflète dans l'onde d'un bassin assez immense pour contenir cent vaisseaux de ligne à cent vingt lieues de la mer. C'était la capitale de la Nouvelle-France.

A deux reprises déjà, les vaisseaux anglais étaient venus battre de leurs boulets la ville de Champlain, mais cette troisième fois des hurrahs de victoire se mêleront aux dernières bordées et les mâts seront pavoisés au retour.

Dès 1758, Montcalm écrivait au ministre : « Il y a » deux ans que je ne cesse de parler de l'entreprise et » de la descente que l'ennemi peut faire à Québec ; » on ne veut rien prévoir ni rien ordonner. » Dans sa dépêche du 12 avril 1759, le général dit encore : « A

CASCADE DE MONTMORENCY.

» Québec, l'ennemi peut venir si nous n'avons pas d'es-
» cadre; et la capitale prise, la colonie est perdue :
» cependant nulle précaution. J'ai écrit, j'ai fait
» offre de mettre de l'ordre pour empêcher une fausse
» manœuvre à la première alarme; la réponse : Nous
» aurons le temps. »

La flotte anglaise en rivière, on avait dû cependant aviser à la défense. Soutenir un siège dans Québec eût été folie, car la ville, imprenable par eau, était à peine close du côté du plateau élevé sur lequel elle est bâtie : il fallait donc à tout prix, en s'opposant à un débarquement, empêcher l'ennemi de tourner la place.

A gauche de la ville[1], à partir de l'embouchure du Saint-Charles, la côte du Saint-Laurent est d'un accès facile; en toute hâte on y construisit un retranchement long de deux lieues et aboutissant au ravin par lequel l'écumeux Montmorency se précipite de 300 pieds de hauteur dans le grand fleuve. Au milieu de cet immense camp retranché qui prit le nom de Beauport, village voisin, l'armée française dressa ses tentes; elle communiquait par un pont de bateaux avec Québec, situé de l'autre côté de la rivière Saint-Charles. A droite de la ville, en remontant le Saint-Laurent, ce ne sont que gigantesques falaises dentelées, partout à pic, sauf quelques rampes escarpées et bien fortifiées, du haut desquelles une poignée d'hommes suffit à pousser dans l'abîme des régiments entiers. Si cette ligne de défense n'était pas forcée avant la mauvaise saison, Québec était sauvé pour un an. Wolfe avait trois mois pour s'immortaliser.

1. Voir sur la carte n° 2 le plan des environs de Québec.

CHAPITRE X

L'été était fini, septembre commençait; des deux généraux partis pour rejoindre Wolfe, aucun n'avait paru; on sait pourquoi. Les restes de Québec brûlaient sous une pluie de feu, lancée depuis deux mois par des batteries établies de l'autre côté du fleuve, à la pointe de Lévis : dans l'île d'Orléans et sur les côtes voisines, pas une créature vivante, pas une maison debout. Cinq cents des plus braves soldats de Wolfe étaient couchés au pied des redoutes du Montmorency : là avait échoué le 31 juillet une furieuse attaque, soutenue pendant sept heures par le tir de quatre-vingts pièces d'artillerie; non moins inutiles trois autres descentes tentées au-dessus de la ville. En vain Cook, le grand marin, avait-il multiplié ses merveilleux sondages, pas un pouce de terre n'avait été conquis sur Montcalm. Devant les Anglais partout le fer ou le roc. Jamais l'activité du défenseur de Québec ne se montra plus étonnante que dans cette lutte de deux mois avec un ennemi qui, maître absolu du fleuve, y exécutait, à la faveur des marées et de la nuit, des mouvements continuels et rapides.

Inquiet pour la retraite de ses innombrables bâtiments aux approches de l'hiver canadien, l'amiral Saunders avait convoqué à son bord un conseil de guerre et le 20 septembre la flotte devait lever l'ancre.

Wolfe, âme de feu dans un corps frêle, était miné par la fièvre du désespoir. Remontant et redescendant sans cesse le fleuve, l'œil attaché sur l'inaccessible muraille, il enviait les ailes des oiseaux du rivage; mais le génie n'a-t-il pas aussi les siennes?

A une demi-lieue au-dessus de la ville s'ouvre dans la falaise une petite baie qui portait alors le nom d'anse du Foulon. De là on atteint au sommet par un sentier étroit et escarpé. De tous les accès au plateau de Québec c'était le plus impraticable; ce fut celui-là même que choisit Wolfe pour son dernier assaut, devinant par une heureuse inspiration que c'était le chemin le moins bien gardé. Dans la soirée du 12 septembre, plusieurs vaisseaux anglais jetèrent l'ancre en face du cap Rouge, à trois lieues au-dessus de Québec. Bougainville, détaché au camp de Beauport avec trois mille hommes pour surveiller les opérations de cette flotte, bivouaqua en face d'elle, sur le haut de la falaise. Nuit mémorable dans l'histoire. Aussitôt les ténèbres descendues sur le fleuve, Wolfe et cinq mille soldats d'élite s'embarquent dans des chalands cachés à bord des vaisseaux du cap Rouge, et se laissent dériver avec la marée baissante. « Qui vive! » crient les sentinelles échelonnées sur la côte. — « France! bateaux de vivres! » répondent les barques, car les Anglais savaient qu'ordre avait été donné aux postes français de laisser cette nuit-là descendre par eau des provisions du cap Rouge à Québec. Pendant que le courant emporte vers l'anse du Foulon ces étranges vivandiers, Wolfe, l'âme toujours enivrée du grand, récite à demi-voix le chef-d'œuvre élégiaque que Thomas Gray venait d'achever et qui se termine par ces mots prophétiques : « Le chemin de la gloire ne conduit qu'au tombeau. » Puis, s'adressant à ses compagnons, il leur dit : « Je préférerais la gloire d'avoir écrit de si beaux vers à celle de vaincre demain. » Enfin les barques s'arrêtent au pied de la falaise : une agile avant-garde saute à terre et dans un silence de mort escalade à tâtons le sentier qui monte presque à pic du rivage au sommet. Un poste sous les ordres de Vergor, une créature de Bigot, veillait négligemment sur l'abîme : il est surpris et dispersé. Aussitôt l'accès du plateau est ouvert à Wolfe et à ses régiments, suspendus, en pleine nuit, entre le ciel et la terre. Les premiers rayons du soleil levant coloraient à peine les rochers du cap aux Diamants, que déjà quatre ou cinq mille Anglais étaient rassemblés derrière Québec, pendant qu'à Beauport le tambour réveillait en sursaut le camp français.

Bourlamaque était dans l'île aux Noix, Bougainville au cap Rouge et Lévis aux rapides du Saint-Laurent. Quelques milliers d'hommes, la plupart miliciens ou sauvages, formaient l'armée de Montcalm, le 13 septembre 1759[1]. Au milieu d'une inévitable confusion, le général donne rapidement ses ordres, monte à cheval, et, l'épée à la main, marche à l'ennemi en franchissant la vallée du Saint-Charles. Les Anglais

---

1. Quelles furent les forces que Montcalm mit en ligne ? C'est ce qu'il est impossible de savoir. Les bataillons de France étaient dégarnis de leurs compagnies d'élite parties avec Bougainville, et les corps de la milice se trouvaient très incomplets, un grand nombre de paysans étant allés faire la récolte. Dans chaque relation le chiffre varie : les historiens ne sont pas mieux d'accord que les rédacteurs des rapports officiels. Le chiffre probable paraît être de cinq mille combattants environ ; c'était aussi le nombre des Anglais. On s'entend mieux sur le montant des pertes subies par les deux armées aux prises : sept ou huit cents hommes de part et d'autre restèrent sur le champ de bataille ; parmi eux les généraux et presque tous les brigadiers généraux et les officiers supérieurs.

l'attendaient, rangés en bataille dans les plaines d'Abraham, en face des fortifications ébauchées de Québec. Ce fut sur ces champs à demi défrichés, connus sous le nom de leur possesseur, un obscur pilote du Saint-Laurent, que se décida l'avenir de l'Amérique; ce fut là que la race celtique se vit arracher sa conquête, et que l'œuvre de deux siècles fut anéantie en un éclair.

En attaquant sur l'heure, avec des troupes douteuses, en rase campagne, un ennemi éprouvé et déjà maître du terrain, Montcalm ne se laissa-t-il pas emporter par l'impétuosité de son courage ? Ne pouvait-il pas attendre le corps de Bougainville, retardé dans sa marche ? Tout enfin ne valait-il pas mieux que de jouer le sort du Canada sur un coup de dé ? Question complexe, que des hommes spéciaux discutent encore aujourd'hui et dont l'étude des circonstances et du terrain peut seule livrer la clé [1]. Nous dirons que dans sa carrière militaire, le vainqueur de Carillon a donné assez de preuves de talent, et qu'il était, suivant l'expression du major-général, trop « lumineux » pour n'avoir pas différé la bataille si c'eût été possible.

« On se fusilla pendant longtemps, dit un témoin » oculaire[2]; enfin, vers dix heures, M. le marquis de » Montcalm, voyant l'ennemi se grossir de plus en plus » et quelques pièces de canon qui tiraient, jugea à » propos de ne pas leur laisser le temps de se fortifier » davantage et donna le signal pour charger l'ennemi. » Les troupes s'ébranlèrent avec beaucoup de légè-

---

1. Dans l'étude publiée récemment par le colonel anglais Beatson, du corps royal du génie, l'auteur, qui connaît les lieux pour avoir été longtemps en garnison à Québec, n'hésite pas à approuver l'attaque soudaine de Montcalm : « Les raisons du général français n'ayant jamais été ni bien comprises ni bien appréciées. »
2. Relation du sieur Joannès, major de Québec.

MORT DU GÉNÉRAL WOLFE.

» reté, ainsi que les Canadiens ; mais, après quelques
» pas en avant, le petit bouquet de bois qui s'allon-
» geait sur la droite servit de retraite aux miliciens,
» qui laissèrent marcher seuls les cinq bataillons, ce
» qui occasionna un peu de flottement. Enfin, après
» s'être approché à la portée du pistolet et avoir fait
» et essuyé trois ou quatre décharges, la droite plia et
» entraîna le reste de la ligne. » Les grenadiers anglais de Louisbourg chargent alors à la baïonnette : Wolfe est à leur tête. Déjà une balle l'a frappé au poignet, une seconde, puis une troisième l'atteignent à la poitrine ; il chancelle : « Soutenez-moi, dit-il, que le soldat ne me voie pas tomber. » On l'emporte ; le mourant entend dire : « Ils fuient ! » — « Qui ? » demande-t-il. — « Les Français, » lui répondit-on. — « Je meurs heureux, » murmure le héros, et il expire après avoir donné l'ordre de couper la retraite à l'ennemi par la vallée du Saint-Charles.

Pendant que les agiles montagnards écossais, « avec leurs plaids flottants et leurs larges claymores, poursuivent, comme des démons furieux, les fuyards sur la colline Sainte-Geneviève », le général de cette armée vaincue revenait lentement à cheval, soutenu de chaque côté par un grenadier, et entrait, tout sanglant, à Québec, par la porte Saint-Louis. Deux fois touché au milieu de la mêlée, il avait, en ralliant les tirailleurs pendant la retraite, reçu une balle dans les reins. « Combien de temps à vivre ? demande-t-il au chirurgien qui sonde sa blessure. — Quelques heures seulement, mon général. — Tant mieux, je ne verrai pas les Anglais à Québec. » Puis il s'étend paisiblement sur son lit de mort : la journée du soldat a été rude, mais la campagne est finie. Ramesay, gouverneur de Québec, et le commandant de Royal-Rous-

sillon lui demandent ses ordres : « Mes ordres, ré-
» pondit-il, je n'en ai plus à donner ; j'ai trop à faire
» à ce grand moment, et mes heures sont très courtes.
» Je vous recommande seulement de ménager l'hon-
» neur de la France. »

Montcalm croyait sa tâche accomplie, mais à travers la grande ombre qui déjà l'environne, un devoir inachevé lui est apparu : un peuple a espéré en lui, un peuple l'a aimé, qui est menacé par la vengeance d'un ennemi irrité. Ces pauvres Canadiens, le mourant ne peut plus les défendre, mais il peut encore intercéder pour eux, et il se fait suppliant afin de donner aux vaincus le reste de sa vie. « Général, écrit-
» il à Townshend (le successeur de Wolfe dans le com-
» mandement), l'humanité des Anglais me tranquillise
» sur le sort des prisonniers français et sur celui des
» Canadiens. Ayez pour ceux-ci les sentiments qu'ils
» m'avaient inspirés : qu'ils ne s'aperçoivent pas d'a-
» voir changé de maître. Je fus leur père, soyez leur
» protecteur. » Puis il implore humblement pour lui-même la clémence d'un autre vainqueur, le seul qu'il puisse maintenant redouter, reçoit avec ferveur les sacrements, et expire à quarante-sept ans, le 14 septembre au matin.

Il fut enterré le soir du même jour, au bruit de la canonnade et à la lueur des flambeaux, dans l'église des Ursulines, la seule à Québec qui ne fût qu'à moitié détruite par les projectiles. La tradition veut que son corps ait été déposé dans l'excavation formée par l'explosion d'une bombe anglaise : le fait n'est pas prouvé ; mais qu'importe ! Montcalm n'a-t-il pas été enseveli, comme il l'avait juré, sous les ruines de la Nouvelle-France ? Dans son agonie, il s'était écrié :
» Ma consolation est d'avoir été vaincu par un enne-

mi aussi brave. » L'Angleterre a retenu cet hommage d'un héros mourant, et, en 1827, elle a fait élever à Québec un obélisque de soixante pieds de hauteur, sur lequel on lit ces deux noms : WOLFE, MONTCALM,

MONUMENT DE MONTCALM ET DE WOLFE, A QUÉBEC.

C'était, avec sa dette, payer celle de la France, où pas une pierre ne garde le souvenir de Louis de Montcalm.

L'homme de guerre assez brave pour recevoir cinq blessures le même jour, le général qui calmait par sa parole la sédition de ses soldats affamés et remportait avec eux la victoire de Carillon, avait atteint « le grand »; il touchait à la gloire, la mort l'arrêta en chemin, et il n'est demeuré que le martyr de l'honneur national. Est-ce assez pour le serviteur fidèle qui, voué par son pays à la mort, ne laissa échapper contre lui ni plainte, ni murmure expirant ainsi sans reproche, comme il avait vécu sans peur?

Si la France n'élève des statues qu'aux victorieux, elle devait au moins à Montcalm un tombeau. Les Canadiens s'en sont souvenus pour elle. Essayez de chasser de l'histoire la poésie, il y a une place d'où l'on ne peut la bannir, c'est le cœur de l'homme : Montcalm tombant sous les murs de Québec est resté et restera, pour le peuple qui fut vaincu avec lui, comme le dernier défenseur, comme le dernier ami. Dans cette victime chevaleresque, les Canadiens n'ont pas cessé de voir l'image de la patrie perdue, de leur pauvre France, à qui l'on pardonne beaucoup, parce qu'elle a beaucoup aimé. Le tombeau que la mère-patrie devait à son héroïque représentant a été élevé par souscription nationale des habitants de Québec et béni le 14 septembre 1859, anniversaire centenaire de la mort du vaincu. La *Nouvelle-France* et *Montcalm;* le malheur avait autrefois uni ces deux noms, l'histoire ne les séparera jamais.

CHAPITRE XI

Pendant que leur général expirait, les troupes françaises, dispersées et sans chefs (les deux brigadiers généraux ayant été tués), s'étaient enfuies dans le camp de Beauport, puis, à la nuit, elles avaient rallié le corps de Bougainville. La petite armée ainsi reformée battit en retraite en remontant le long du fleuve jusqu'au fort Jacques-Cartier. C'est là que le chevalier de Lévis, accourant des rapides du Saint-Laurent, rejoignit le 17 septembre les débris dont la mort de Montcalm lui donnait le commandement. Cet officier, d'une bravoure léonine, enleva le jour même ses troupes et marcha sur Québec pour faire lever le siège. A quatre lieues de la ville on apprit qu'elle était depuis la veille au pouvoir de l'ennemi ; le lâche Ramesay, ce gouverneur à qui Montcalm mourant recommandait de ménager l'honneur de la France, avait capitulé sans attendre un coup de canon. L'hiver qui approchait suspendit les opérations militaires. La flotte anglaise descendit vers la mer, laissant Québec bien gardé et approvisionné. L'armée de Lévis remonta jusqu'à Montréal et y prit ses quartiers.

Sous le coup d'une cruelle défaite, isolée du monde entier, sans argent, presque sans pain et sans poudre, au milieu des terribles rigueurs d'un hiver canadien, à quoi songeait une poignée de vaincus ? A préparer la revanche, à reprendre Québec !

A la fin d'avril, le dégel ne laissant ouvert qu'un canal au milieu du fleuve, les deux frégates françaises, *l'Atalante* et *la Pomone*, suivies de quelques transports, descendirent de Montréal avec un petit matériel de siège : les troupes les accompagnèrent par la route de terre, enfonçant jusqu'au genou dans la neige fondante, et traînant avec elles, au prix de prodigieux efforts, trois pièces de campagne. On espérait surprendre l'ennemi, un hasard lui révéla notre marche : un canonnier de la flottille française, tomb à l'eau, parvint à se hisser sur un glaçon que le courant emportait; devant Québec les Anglais recueillirent ce soldat évanoui sur son radeau de glace; entre leurs mains il se ranima un instant, trahit involontairement le secret et expira. Quatre mille hommes sous les ordres du général Murray, avec vingt-deux pièces d'artillerie, sortirent aussitôt de la ville pour écraser, pendant sa marche, l'armée française, alors composée de trois mille soldats de ligne et de deux mille Canadiens et sauvages, avec un couteau emmanché au bout du fusil, faute de baïonnette. Au terme de leur dernière étape, les soldats, à demi morts de fatigue et de froid, trouvaient un champ de bataille au lieu d'un bivouac.

Le choc eut lieu, le 28 avril 1760, dans ces mêmes plaines d'Abraham, sept mois auparavant théâtre de la défaite de Montcalm. Une magnifique charge, furieuse, désespérée, où l'armée française donna tout entière, décida la victoire. Les Anglais, culbutés, enfoncés, s'enfuirent derrière les murs de Québec, laissant sur place toute leur artillerie et douze cents

LES FRÉGATES « LA POMONE » ET « L'ATALANTE » POURSUIVIES
PAR LA FLOTTE ANGLAISE.

morts ou blessés, presque tous frappés par la baïonnette. De notre côté gisaient à terre tous les grenadiers et cent quatre officiers, parmi lesquels le vaillant Bourlamaque, qui avait conduit la charge. C'est la mémoire de ce combat héroïque que le peuple franco-canadien, peuple des traditions et des souvenirs, a voulu perpétuer en élevant, en 1862, « *aux braves de* 1760 », une colonne monumentale, digne pendant de celle que les Anglais avaient érigée en l'honneur des combattants de 1759.

Le siège de Québec commença : les pièces de nos batteries avaient vingt coups à tirer par vingt-quatre heures, mais l'espérance soutenait tout ; « un seul » vaisseau français paraissant devant la ville aurait » suffi à en obtenir la reddition. » Le 15 mai, à l'horizon, des voiles parurent sur le fleuve, elles s'approchèrent sans que, pendant longtemps, on pût distinguer quel pavillon flottait aux mâts : ce n'était pas celui de la France ; les assiégés, « debout sur les remparts, en face des tranchées, et élevant en l'air leurs » chapeaux, avec des hurrahs frénétiques », l'apprirent aux Français. Les vaisseaux anglais s'élancèrent sur nos deux frégates qui, gagnées de vitesse, se jetèrent à la côte. Dans ces derniers jours du Canada, tout est épique ; *l'Atalante*, commandée par Vauquelin, brûla sa dernière gargousse et fut prise, sans avoir amené son pavillon ; à bord il n'y avait pas un homme qui ne fût blessé ; quand on héla le navire silencieux, Vauquelin répondit seulement : « Si j'avais de la poudre, vous m'entendriez bien. »

Lévis, le désespoir dans le cœur, se replia de Québec sur Montréal.

« Heureux, heureux jour ! Ma joie et mes transports sont inexprimables, » écrivait à la nouvelle de ces évènements Pitt, qui avait tout prévu, tout dirigé.

Cependant le ministère de Versailles, se ravisant trop tard, avait envoyé du secours à la colonie : une escadre de douze navires était partie de Bordeaux. Elle n'arriva dans les eaux du Saint-Laurent qu'alors que le siège de Québec était déjà levé ; aussitôt, virant de bord, elle jeta l'ancre dans la baie des Chaleurs, au-dessous de l'embouchure du fleuve. La fatalité planait sur les armes de la France : par suite d'un retard inouï, nos vaisseaux restèrent six semaines au mouillage, dans l'attente de l'arrivée d'un courrier de Montréal. La veille du jour où l'on devait appareiller pour gagner la Louisiane parut la grande flotte anglaise de Québec, qui avait redescendu le Saint-Laurent. Quarante-huit heures après il ne restait rien de l'escadre française.

Sous l'empire d'une idée fixe, les défenseurs du Canada étaient-ils devenus fous ? L'héroïsme peut-il aller jusque-là ? On se le demande en lisant les dépêches de Lévis et de ses lieutenants. « Nous n'avons de la pou-
» dre que pour un combat, disait Lévis à la fin de juin,
» et il est surprenant que nous existions encore ; mais
» si les ennemis ne mesurent pas leurs mouvements,
» nous en profiterons pour combattre le corps qui
» avancera le premier, c'est l'unique ressource qui
» nous reste. » Et, en même temps, Bourlamaque écrivait : « Menacés de trois côtés par des forces infi-
» niment supérieures, nous attendons que l'ennemi
» ait achevé de décider ses mouvements pour l'aller
» combattre... » Mais Amherst, le généralissime anglais, ne voulait pas risquer une bataille : il attendait pour avancer que la Nouvelle-France n'eût plus dans les veines une seule goutte de sang.

En Canada, la moisson est tardive, le blé ne mûrit

pas avant septembre. « La récolte paraît belle, écri-
» vait Lévis, mais il reste à savoir si nous y arriverons,
» si nous pourrons la couper et qui la mangera. » En
attendant, dès les premiers jours d'août, le pain, l'u-
nique nourriture de l'armée, vint à manquer absolument. Le discrédit du papier et des lettres de change
du munitionnaire (le gouvernement de la métropole
refusait d'acquitter les traites de ses propres agents du
Canada) empêchait qu'on pût se procurer ce qui restait de farine dans le pays; il fallut que, par un dernier
effort, le chef obtînt de ses soldats de sacrifier le peu
d'argent monnayé que chacun possédait. « Ce qui,
ajoute Lévis, nous a fourni des moyens pour avoir du
pain pour un mois. » Enfin, au mois d'août, les Anglais s'ébranlèrent. Le général Murray, avec une flotte
de cinquante-deux bâtiments, remonta vers Montréal,
s'arrêtant en face des villages pour désarmer les habitants et brûler les maisons. « Je prie Dieu, écri-
» vait-il à son gouvernement, que cet acte de rigueur
» contre un peuple infortuné soit le seul, car cette
» partie de ma tâche me révolte. »

Perdue sur les rives du fleuve immense, la petite
armée française luttait pied à pied, faisant des prodiges pour retarder la marche des vaisseaux et pour
prévenir les débarquements. On avait enveloppé
de retranchements la ville des Trois-Rivières, mais
l'ennemi passa outre sans l'attaquer. « On tenta alors,
» dit le rapport officiel, de lui empêcher le passage
» entre les îles qui sont au-dessus du Saint-Fran-
» çois[1], vis-à-vis de Sorel. On y fit marcher les ba-
» taillons avec M. le chevalier de Bourlamaque, pour

---

[1]. Dans le lac Saint-Pierre, qui n'est en réalité qu'un élargissement considérable du Saint-Laurent à la hauteur de Sorel, lieu où se trouve
l'embouchure de la rivière Richelieu ou Chambly.

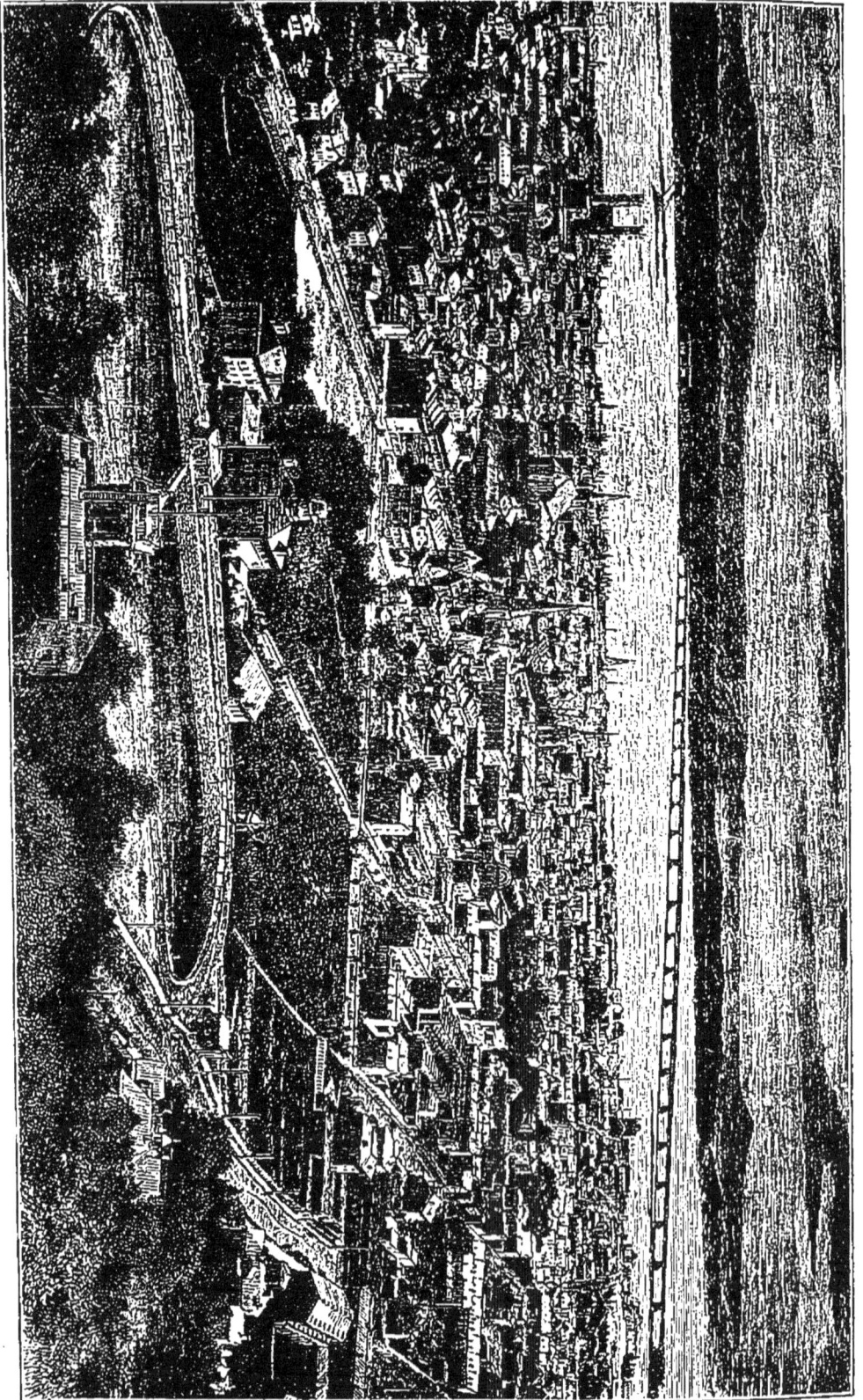

MONTRÉAL (État actuel).

» s'y retrancher ; mais à la côte opposée M. de Murray
» trouva partout passage entre les différentes îles ; il
» fit mine un instant d'en vouloir sur Sorel, et con-
» tinua de monter la rivière ; et nos troupes de le
» suivre des deux bouts pour l'empêcher de mettre
» pied à terre dans aucun endroit. »

Pendant ce temps, deux autres armées anglaises se rapprochaient à la fois de Montréal, l'une avançant par le Champlain, l'autre venant du lac Ontario, et descendant le Saint-Laurent pour couper la retraite des Français sur l'ouest. Le fort Lévis, aux rapides du Saint-Laurent, et celui de l'Ile-aux-Noix sur le Richelieu, dernières barrières de la colonie, furent réduits en poussière par le feu « de l'immense artillerie que traînait chacune de ces armées », et, le 5 septembre, trois corps formant ensemble une armée de 20 000 hommes de troupes régulières étaient réunis autour de Montréal, défendu par douze mauvaises pièces. « Montréal, dit la relation officielle, est une ville en-
» vironnée d'une simple muraille, pour la mettre à
» couvert contre les sauvages plutôt que contre des
» troupes ; elle était pleine d'un peuple infini, qui s'y
» était réfugié après la ruine de Québec et les incen-
» dies des campagnes ; le peuple courut en foule im-
» plorer M. de Vaudreuil pour sauver leur vie et leurs
» biens ; il ne fallait qu'une nuit à l'ennemi pour
» mettre la ville en cendres, toutes les maisons étant
» en bois, selon l'usage du pays. » Le Canada avait assez souffert ; le gouverneur consentit à sauver les restes de l'infortunée colonie : on hissa le drapeau blanc. M. de Vaudreuil et le général Amherst signèrent le 8 septembre 1760 une capitulation en cinquante-cinq articles, qui a été le véritable traité de cession du Canada à l'Angleterre. On obtint pour les

habitants le libre exercice de la religion catholique, la paisible disposition de leurs biens et la promesse de n'être pas transmigrés comme les malheureux Acadiens.

Mais l'orgueil anglais demandait une victime, il la voulait glorieuse. En pouvait-il choisir une plus belle que l'armée de Montcalm et de Lévis ? Ces soldats, dont les noms devraient être inscrits dans un livre d'or, n'avaient pas sauvé le Canada, mais, par un long martyre, ils avaient racheté, ce qui vaut mieux qu'une colonie, l'honneur de la patrie. Amherst, — l'héroïque Wolfe n'eût pas été si brave, — eut le courage d'exiger que ce débris d'armée, tout mutilé, mît bas les armes devant vingt mille Anglais. Lévis, indigné, se révolta contre un tel abus de la force; tous les officiers se joignirent à leur général et signèrent avec lui une protestation publique, « offrant tous de s'immoler. » Ce fut en vain, Amherst demeura inexorable et Vaudreuil n'osa pas déchirer la convention. Des huit bataillons venus de France il restait vivant, « tout compris, malades, blessés et invalides », deux mille deux cents hommes.

Aux termes de la capitulation, les troupes et les fonctionnaires avec leurs familles devaient être ramenés en France. On empila les vaincus sur des navires trop étroits, puis on descendit vers la mer au milieu d'une perpétuelle tourmente, presque sans exemple : les flots du fleuve canadien semblaient se soulever pour retenir nos pères.

Ainsi partirent les Français : il y avait deux cent trente-quatre ans que Jacques Cartier avait planté sur le continent américain le drapeau aux trois lys d'or.

En France, on accueillit Lévis comme un héros et il le méritait. Pour honorer tant de vertu militaire, le roi d'Angleterre, par un mouvement chevaleresque, avait relevé Lévis de l'obligation imposée par la capitulation de Montréal de ne pas servir pendant le reste de la guerre. L'élève de Montcalm reparut sur les champs de bataille de l'Allemagne, aussi intrépide que dans les déserts de l'Amérique. Comme général de l'avant-garde, il eut l'honneur de porter le premier coup dans la glorieuse journée de Johannisberg. En 1783, il reçut le bâton de maréchal de France.

Bourlamaque, le rude soldat tout mutilé, fut nommé gouverneur de la Guadeloupe ; là il pouvait encore faire tête aux Anglais.

Le brillant Bougainville embrassa la carrière maritime, devint un célèbre navigateur, et mourut à quatre-vingt-trois ans, amiral, membre de l'Académie des Sciences et sénateur.

Qu'advint-il de Bigot et de ses complices? La plupart de ces honnêtes gens étaient revenus en France avec le projet d'y vivre grassement et honorablement de ce qu'ils appelaient leurs économies. Après avoir dévoré le Canada, ils comptaient bien le digérer en paix : mais, du fond d'un trou de bombe, à Québec, sortait une voix accusatrice qui leur demandait compte de la ruine de la colonie. Les officiers, les soldats et les rares fonctionnaires rentrés en France les mains nettes ne se taisaient pas; l'opinion publique s'émut à tel point qu'il fallut bien se décider à lui faire quelque sacrifice; un arrêt du Conseil d'État institua une commission de magistrats au Châtelet, présidée par M. de Sartines, lieutenant de police, pour juger souverainement « les auteurs des prévarications commises au Canada ». Bigot et cinquante-cinq autres accusés comparurent : l'instruction, chargée d'éclaircir ces mystères d'iniquités, dura près de deux

BOUGAINVILLE.

ans. Enfin, les coupables furent condamnés à restituer douze millions ; en outre, Bigot et son subdélégué Varin étaient bannis à perpétuité. Ces gens experts en bonnes affaires n'en avaient jamais fait une meilleure, car ils méritaient la corde. Les juges s'excusèrent sur l'absence d'un texte qui punît de mort leur crime : pour l'honneur de la France, ce genre de trahison n'avait pas été prévu.

Au commencement de l'année 1763, la paix avait été conclue ; la France cédait à l'Angleterre non seulement le Canada, mais encore l'île du Cap-Breton et toute la rive gauche du Mississipi, moins la ville de la Nouvelle-Orléans. Tel fut le traité de Paris que Louis XV signa, sans que l'histoire ait recueilli une larme ou un soupir de l'indigne descendant du fondateur de la Nouvelle-France, le grand Henri.

Le 20 janvier, la veille du jour où, selon l'usage, les hérauts d'armes annoncèrent au peuple de Paris la signature officielle de la paix, on avait inauguré sur la place que Gabriel venait de dessiner entre les Tuileries et les Champs-Élysées la statue équestre du roi couronné de lauriers. Était-ce la main indignée d'un Canadien qui traça, sur le piédestal, cette inscription qu'on y lisait le lendemain de la fête :

> Il est ici comme à Versailles,
> Il est sans cœur et sans entrailles.

L'Angleterre a gardé le Canada, mais sa conquête lui a coûté cher. Pour tout esprit sagace, il était évident que, dans la soumission des colonies anglo-américaines à la métropole, le souci d'une invasion « des turbulents Gaulois » entrait pour une grande part. Une fois les planteurs rassurés, l'Angleterre aurait dû redoubler de précautions vis-à-vis d'eux. Pitt, « ido-

WASHINGTON.

lâtré dans les colonies », l'avait bien compris; mais à peine eut-il quitté les affaires, à peine la paix fut-

elle signée, que le gouvernement britannique, enivré
par le succès, entreprit d'exploiter au point de vue
fiscal les colons américains : ceux-ci, déjà fatigués du
joug commercial que la métropole leur imposait, se
regardèrent, se comptèrent, et l'on sait le reste : l'épée
de Washington était à deux tranchants[1].

Quoi qu'il en soit, entre nous et notre vieille colonie
nationale, la séparation devait être éternelle ; avouons-
le, en finissant ce douloureux récit, le Canada méritait
mieux de la France : il avait payé de presque tout son
sang le droit de lui rester uni.

Ah! quel ressentiment aurait pu gonfler le cœur
d'un peuple ainsi méconnu et quelle vengeance pour
lui que de se donner au vainqueur à qui on le livrait!
Il n'en fut rien, et de toutes les douleurs de ce peuple
infortuné, la plus cruelle fut alors d'être séparé de ce
pays qui semblait le trahir.

Malaisément ces délaissés ont perdu l'espérance :
pendant combien d'années, le long de leurs rivages
ruinés, ils cherchèrent d'un œil avide, sur les eaux du
Saint-Laurent, l'apparition d'une voile française! A
chaque bruit venant de l'Europe, ils prêtaient l'oreille:
n'était-ce pas le signal du retour? Comme tous les
exilés, ils se sont fiés à l'impossible et ils ont bercé
leurs chères illusions au murmure des chants popu-
laires :

---

1. On sait que l'insurrection des colonies anglo-américaines, commencée en 1773, se prolongea pendant plusieurs années avec des
alternatives de succès et de revers. En 1778 la France, se prononçant
en faveur des Américains et envoyant à leur aide des flottes et une
armée, assura l'indépendance des *États-Unis*, qui fut reconnue par
l'Angleterre, en 1783, lors de la signature de la paix de Versailles
Washington, qui avait été le général en chef des troupes américaines.
fut le premier président de la nouvelle république.

> Chante, rossignol, chante
> . . . .
> Tu as le cœur à rire,
> Moi je l'ai à pleurer :
> J'ai perdu ma maîtresse
> Sans l'avoir mérité.

Quelle naïveté mélancolique, quelle grâce touchante dans cette vieille chanson nationale des bateliers canadiens, et n'y entendez-vous pas comme l'écho d'un soupir qui s'envole vers la France, la bien-aimée perdue ?

Plus d'un siècle s'est écoulé depuis lors ; les guerres et les révolutions ont bouleversé les deux mondes. Le Canada, devenu, avec l'immigration anglaise, une nation quasi indépendante de quatre millions d'âmes, poursuit au delà de l'Atlantique le cours de ses belles destinées ; mais « le vieux pays », comme ils l'appellent, est toujours vivant dans la mémoire des descendants des premiers colons.

Notre langue, ils n'en parlèrent jamais d'autre ; nos vieilles coutumes, ils les ont pieusement conservées ; tous sont restés fidèles à la religion de leurs pères, qui, dans les épreuves, les avait consolés et soutenus : hier, au jour marqué pour nos malheurs, ils étaient fiers d'appartenir à la race des vaincus.

A notre tour, soyons fiers d'eux : sujets de l'Angleterre, riverains des États-Unis, sous une double étreinte, ils n'ont pas laissé étouffer leur passé, notre passé commun. Franco-Canadiens ils étaient, Franco-Canadiens ils sont demeurés : mais à quel prix ! Un publiciste de Montréal le raconte avec ces mâles paroles : « Voilà deux cent cinquante ans que nous » habitons ce pays. Durant tout ce temps on nous a » trouvés en lutte avec la forêt et avec les hommes,

» défrichant le sol, fondant des villes, ouvrant des
» routes, établissant des villages, des écoles et des
» collèges. Les guerres contre les Indiens nous ont
» coûté et du sang et des peines. Les guerres contre
» les Anglais nous ont écrasés, parce que la France
» nous abandonnait contre des forces dix fois supé-
» rieures. La conquête venue, les persécutions ont
» commencé contre nous. Nous nous sommes réfugiés
» sur nos terres, sur ce sol arrosé des sueurs et du
» sang de nos pères ; nous sommes devenus les pay-
» sans, le corps et la force du pays. Malgré la tyran-
» nie, malgré notre pauvreté, il nous restait assez de
» cœur pour entreprendre les luttes politiques. Nous
» les avons entreprises résolument; elles ont duré
» soixante-quinze ans ; et, pied à pied, durant cette
» longue période, nous avons regagné le terrain perdu
» par la faute de notre ancienne mère-patrie, nous
» nous sommes refaits politiquement, commerciale-
» ment et comme nation[1]. »

Dans la page qu'on vient de lire, que de choses pour nous, les vaincus d'hier! Ah! si jamais, au milieu des langueurs et des angoisses d'un temps encore si près de nous, quelqu'un eût osé douter de l'avenir « du vieux pays », que ne regardait-il sur les rives du Saint-Laurent ce que le malheur a su faire d'une poignée de Français. Quels jets a poussé ce petit rameau transplanté, et que doit être le chêne où il fut coupé! Douter, et pourquoi? Ce n'est pas d'aujourd'hui que la France connaît l'adversité : notre histoire est remplie de douleurs ; mais nos épreuves, quelque cruelles qu'elles fussent, n'ont jamais été longues.

Dans ces tristes temps de la fin de Louis XV, comme

---

1. Benjamin Sulte, *Le Canada en Europe.*

à d'autres époques de nos annales, tout semble en décadence : il faut céder, souffrir et laisser faire la fortune de la France. Vingt ans après la signature de l'humiliant traité de Paris, nous dictions à Versailles, avec une généreuse grandeur, la paix de 1783.

Pour avoir foi en son avenir, il suffit à la France de bien se souvenir de son passé.

FIN

APPENDICE[1]

HOMMAGES RENDUS A LA MÉMOIRE DE MONTCALM

La France du xviiie siècle fut, après coup, prise de pitié pour sa victime et ne marchanda pas les honneurs à sa mémoire. La sculpture et la peinture reproduisirent les traits du défenseur de Québec, le roi gratifia la marquise de Montcalm d'une pension de 4000 livres, chacun des enfants en eut une également : l'aîné des fils obtint le régiment de son père et le cadet une compagnie dans le même régiment.

[1]. Nous tenons à exprimer ici aux écrivains qui ont raconté avant nous la conquête du Canada, toute notre reconnaissance pour le fruit que nous avons recueilli en étudiant leurs travaux. Depuis quelques années, diverses publications ont, en effet, paru en France sur la perte de la grande colonie nationale. M. Dussieux d'abord a publié son excellent précis de l'*Histoire du Canada*. Après lui, le R. P. Sommervogel a commencé la publication des lettres intimes de Montcalm. Enfin un autre volume sur le marquis de Montcalm et les dernières années de la domination française au Canada a été écrit par le R. P. Martin, qui, en 1859, lors de l'inauguration du monument élevé par la ville de Québec à son défenseur, avait prononcé l'oraison funèbre du général.
D'un autre côté, nous avons découvert de précieuses ressources dans les publications franco-canadiennes. Aux grands travaux historique sdes Holmes, des Garneau, des Ferland, des Faribeau, ont succédé, dans ces dernières années, d'autres œuvres du plus vif intérêt : MM. Le Moine, Casgrain, Gagnon, O. Dunn, Laverdière, Chauveau Tanguay, Verreau, David, B. Sulte, J. Tassé, Faucher de Saint-Maurice, pour ne citer que quelques-uns des annalistes canadiens, continuent avec autant de talent que de patriotisme l'étude des questions historiques et politiques.

Quand éclata la Révolution, l'Assemblée nationale sut, elle aussi, honorer les vertus de Montcalm, et, par une inspiration patriotique, elle associa dans une même récompense les noms de Montcalm et de d'Assas. Les deux familles furent ensemble l'objet d'une glorieuse exception, consacrée par l'article 19 de la *loi du 22 août* 1790, *concernant les pensions et autres récompenses nationales*. Cet article est ainsi conçu :

« Art. 19. — Nonobstant l'article 8[1] du présent titre, relatif aux enfants des officiers tués au service de l'État, les enfants du général Montcalm, tué à la campagne de Québec, au lieu de la somme de 3000 francs qu'ils devaient se partager entre eux aux termes dudit article, toucheront 1000 livres chacun; l'Assemblée Nationale autorise les commissaires par elle nommés pour la distribution des nouvelles pensions, à exprimer, dans le brevet de 1000 livres qui sera délivré à chacun desdits enfants, que cette exception a été décrétée par elle comme un témoignage de son estime particulière pour la mémoire d'un officier aussi distingué par ses talents et son humanité que par sa bravoure et ses services éclatants. La même mention sera faite dans les brevets qui seront expédiés à la famille d'Assas[2]. »

Malgré la perte du Canada, et leur retour en France,

---

1. Qui limitait à 3000 fr. le montant des pensions accordées à une même famille.
2. Nous empruntons au *Moniteur* du 2 août 1790 le compte rendu de la discussion qui, dans la séance du 31 juillet, motiva la rédaction de l'article 19 :

M. Freteau : M. de Montcalm a laissé quatre enfants vivants, à chacun desquels l'État a donné 1000 livres de pension, pour témoigner sa reconnaissance à celui qui a soutenu l'honneur des armes françaises à Québec, et dont le tombeau eût été couvert des lauriers de la victoire si ce grand homme eût vécu deux heures de plus. Mᵐᵉ de Damas, sa fille, a reçu au lieu de 1000 livres 4000 livres. Je viens, de sa part, remettre mille écus à la nation. (Des applaudissements interrompent l'orateur.) On propose que l'on conserve un capital de 4000 livres pour la famille de M. de Montcalm, en énonçant, dans le nouveau brevet, que c'est par égard pour les services

APPENDICE.

ajoute le R. P. Martin, les compagnons d'armes de Montcalm n'avaient pas oublié le théâtre de tant d'exploits ni un général qui avait été leur idole. Ils avaient songé immédiatement à élever un monument à sa mémoire pour honorer le lieu de sa sépulture, et laisser dans le Canada un souvenir éloquent de leurs regrets.

Bougainville, alors lieutenant-colonel d'infanterie, adressa la lettre suivante à MM. de l'Académie des Inscriptions à Paris, pour obtenir leur concours :

« Messieurs,

» Si les monuments décernés par la voix publique aux défenseurs de l'État, en Grèce et dans l'Italie, sont un des principaux objets de vos études, la plus noble de vos prérogatives est le droit que vous avez d'en consacrer de pareils à ceux de vos concitoyens que des qualités rares, des services importants, de grandes actions produites par de

---

de leur père. Mme de Damas attend de cette énonciation un plus grand motif d'encouragement pour ses enfants.

» *M. Camus* : Les enfants de M. de Montcalm ont été plus maltraités que leur sœur; en reconnaissant la générosité de l'action qu'elle fait aujourd'hui, je crois qu'on doit aussi laisser à la nation la faculté de reconnaître les services de leur père. Je demande donc que la proposition de M. Freteau soit renvoyée au comité des pensions.

» *M. de Montcalm* : Je remercie l'assemblée au nom de mes cousins, de la bienveillance dont on veut bien les honorer; ma famille ne sert point pour l'argent, l'honneur est la seule récompense qu'elle ambitionne.

» M. de Montcalm reçoit les applaudissements de l'assemblée.

» *M. de Noailles* : La proposition de M. Freteau doit être prise en considération. Les services de M. de Montcalm ont fait connaître son nom dans les deux mondes; sa valeur et ses talents militaires ont honoré les armes françaises. Je ne retracerai point les actions de guerre qui ont distingué ce brave général; mais je citerai un fait particulier qui touchera l'assemblée et qui lui montrera que les vertus civiques et guerrières ont des droits sur tous les peuples. Lorsque les troupes françaises se sont présentées dans le Nouveau-Monde, elles ont reçu des témoignages d'attachement de plusieurs hordes de sauvages. Il n'en est aucun qui n'ait donné des marques de respect

grands motifs, ont rendus chers à la France. La Nation se repose sur vous du soin que d'anciennes Républiques prenaient elles-mêmes ; c'est à vous qu'il appartient d'acquitter ce que l'on croit devoir aux hommes illustres qu'elle a perdus, mais qui se sont immortalisés en la servant.

» Le marquis de Montcalm mérite de vous cet honneur. Il a vécu trop peu pour la patrie, assez pour sa propre gloire, puisqu'il n'est mort qu'après avoir eu le temps et les occasions de manifester à nos yeux des talents, un courage et une vertu que des épreuves décisives, et de plus d'un genre, ont mis dans tout leur jour. Nos ennemis, en même temps qu'ils prodiguaient les témoignages de la plus haute estime à leur chef tué dans la même affaire, ont comme nous pleuré notre général. Les habitants de leurs provinces, dont le nom de Montcalm fut la terreur, ont mêlé leurs regrets aux larmes de nos soldats, dont il était le père et l'exemple.

» Les Anglais, maîtres aujourd'hui des lieux où ses cendres reposent, veulent bien nous y laisser le droit d'y rendre un hommage public à la mémoire d'un homme qu'ils honorent autant que nous le regrettons. Le corps du marquis de Montcalm est déposé dans l'église des Ursulines à Québec. Une inscription manque à sa tombe. Prêtez, Messieurs, votre voix à la juste douleur des troupes qu'il commandait, aux regrets des Canadiens qu'il a défendus et aux sentiments que lui doit à jamais sa nation. »

pour la conduite de M. de Montcalm à la tête de nos troupes dans la guerre du Canada, et des témoignages d'admiration pour sa mémoire. Il n'en est point qui n'ait demandé des nouvelles de son nom, de sa famille, et qui n'en ait conservé un souvenir juste et touchant. « Si son fils n'a point de service, disait-on, nous le mettrons à notre » tête. » Je vous demande si de pareilles preuves d'un mérite éclatant peuvent être douteuses, et si à l'instant où les sauvages montrent de la reconnaissance pour des actions glorieuses dont vous avez joui, demande si vous serez au-dessous de ces peuples non policés pour les sentiments de générosité et de reconnaissance. J'insiste sur la motion de M. Freteau. »

La proposition est adoptée.

Pour répondre à ce désir, l'Académie composa en latin une inscription historique [1], qui fut gravée sur le marbre et dont nous donnons la traduction :

*Ici repose
Pour vivre à jamais dans la mémoire des deux mondes,
Louis-Joseph de Montcalm-Gozon,
Marquis de Saint-Véran, baron de Gabriac,
Commandeur de l'Ordre de Saint-Louis,
Lieutenant général dans les armées françaises;
Citoyen éminent, militaire distingué,
Qui jamais n'aspira qu'à la seule vraie gloire,
Doué d'un génie également heureux et cultivé;
Élevé successivement à tous les grades par son mérite,
Consommé dans toutes les connaissances de l'art militaire;
Grand capitaine
En Italie, en Bohême, en Allemagne;
S'acquittant toujours de ses fonctions comme un homme
Capable d'en remplir de plus importantes :
Illustre déjà par les dangers qu'il avait affrontés,
Et envoyé à la défense du Canada,
Avec une poignée d'hommes, il repoussa plus d'une fois
Les armées ennemies.
Il s'empara de places garnies de troupes et bien fortifiées.
Endurci au froid, à la faim, aux veilles, aux fatigues,
Plein de sollicitude pour ses soldats jusqu'à l'oubli
De lui-même, adversaire redoutable, vainqueur magnanime,
Il suppléa
A la fortune par le courage, et au nombre d'hommes
Par l'habileté et l'activité.
Pendant quatre ans, il a retardé, par ses dispositions
Et sa valeur, la perte imminente de la colonie;
Enfin, après avoir longtemps déjoué par toutes les ressources
De sa prudence
Une armée nombreuse, commandée par un général intrépide
Et hardi, une flotte formidable,
Mis dans la nécessité de combattre,
Il tomba blessé au premier rang et au premier choc.*

1. *Journal Encyclopédique*, juin 1761.

Fortifié par la religion qu'il avait toujours pratiquée,
Il mourut,
Au grand regret des siens, et même de ses ennemis,
Le 14 septembre de l'an du Seigneur 1759,
A l'âge de quarante-huit ans.
Les Français en pleurs
Déposèrent dans la fosse, que l'éclat d'une bombe avait creusée,
Les restes de leur excellent général,
Et les confièrent à la loyauté d'un ennemi généreux.

Mais, pour élever un monument de cette nature sur un sol qui n'appartenait plus à la France, il fallait l'assentiment du gouvernement anglais. Jean-Pierre de Bougainville, frère de l'ancien aide de camp de Montcalm, et secrétaire de l'Académie, fut chargé d'en faire la demande.

Voici sa lettre à W. Pitt :

« Sir,

» Les honneurs rendus sous votre ministère à M. Wolfe m'assurent que vous ne désapprouverez pas que les troupes françaises, dans leur reconnaissance, fassent leurs efforts pour perpétuer la mémoire du marquis de Montcalm. Le corps de ce général, que votre nation même a regretté, est enterré à Québec. J'ai l'honneur de vous envoyer une épitaphe faite par l'Académie des Inscriptions. J'ose, Monsieur, vous demander la faveur de l'examiner, et si vous n'avez pas d'objections, vous voudrez bien m'obtenir la permission de l'envoyer à Québec, gravée sur un marbre qui sera placé sur la tombe du marquis de Montcalm. Si l'on m'accorde cette permission, j'ose me flatter que vous voudrez bien m'en informer, et m'envoyer en même temps un passe-port, afin que le marbre avec l'épitaphe puisse être reçu sur un vaisseau anglais, et placé par les soins de M. Murray dans l'église des Ursulines.

» Veuillez me pardonner, Sir, si je me suis permis de vous interrompre dans vos occupations si importantes;

mais en travaillant à immortaliser les hommes illustres et patriotes éminents, vous vous ferez honneur à vous-même.

» Je suis, etc.

» BOUGAINVILLE. »

Le grand ministre anglais répondit à la demande par cette lettre écrite en français [1] :

« Monsieur,

» Ce m'est une grande satisfaction de pouvoir vous envoyer l'agrément du roi sur un sujet aussi intéressant qu'est l'épitaphe, qui est d'une beauté achevée, que l'Académie des Inscriptions à Paris a faite pour M. le marquis de Montcalm, et qu'on désire envoyer à Québec, gravée sur un marbre qui doit être posé sur la tombe de cet illustre militaire. On ne peut qu'applaudir à la noblesse des sentiments des troupes françaises qui ont servi en Canada, en voulant rendre un pareil tribut à la mémoire de leur général, qu'elles ont vu mourir à leur tête d'une manière digne d'elles et de lui-même.

» Je me ferai un plaisir, Monsieur, de faciliter en toutes choses des intentions aussi respectables, et, d'abord qu'on me fera savoir les arrangements qu'on aura pris pour faire embarquer ce marbre, je ne manquerai pas de vous faire parvenir aussitôt le passe-port que vous désirez et d'envoyer au gouverneur de Québec les ordres pour sa réception.

» Au reste, Monsieur, je vous supplie d'être persuadé de ma juste sensibilité sur ce qu'il y a d'obligeant sur mon compte dans la lettre dont vous m'avez honoré, et de croire que je saisis comme un bonheur l'occasion de témoigner les sentiments d'estime et de considération distinguée avec lesquels j'ai l'honneur, etc.

» Londres, 10 avril 1761.

» W. PITT. »

1. *Journal Encyclopédique*, juin 1761.

Mais le projet de monument ne reçut pas une exécution immédiate, le bâtiment qui portait la plaque de marbre ayant fait naufrage avant d'arriver à Québec.

En 1827, le comte de Dalhousie, gouverneur des possessions anglaises dans l'Amérique septentrionale, eut la noble pensée d'honorer à la fois la mémoire de Wolfe et celle de Montcalm. Il convoqua au château Saint-Louis une assemblée de citoyens et nomma un comité chargé de l'exécution de son projet. Le monument s'élève dans le jardin public de Québec, dominant toute la rade; c'est un obélisque de pierre de 22 mètres de hauteur.

Sur la façade principale, on lit cette inscription en latin, due à J. Carleton Fischer :

> *Ils doivent à leur valeur le même trépas,*
> *A l'histoire la même renommée,*
> *Et à la postérité le même monument*[1].

Les deux faces latérales portent ces noms en relief de bronze :

Wolfe   *Montcalm*

Sur le dé qui sert de base est appliquée une plaque de marbre blanc avec l'inscription suivante en latin :

> *La première pierre*
> *De ce monument, élevé à la mémoire*
> *Des hommes illustres*
> *Wolfe et Montcalm,*
> *A été posée*
> *Par George, comte de Dalhousie,*
> *Gouverneur général*
> *Des provinces anglaises*
> *De l'Amérique septentrionale,*
> *Hommage négligé pendant de longues années,*
> *Aujourd'hui encouragé par sa protection,*

---

1. *Mortem virtus, — communem famam historia, — monumentum posteritas dedit.*

Stimulé par son exemple,
Et secondé par sa magnificence,
Quoi de plus digne d'un illustre général !
Le XI novembre
De l'an de grâce M D CCC XXVII
Sous George IV, roi d'Angleterre.

Un autre gouverneur anglais, lord Aylmer, obéissant au même sentiment que le comte de Dalhousie, fit placer en 1831, dans l'église des Ursulines, au-dessus de l'endroit où reposaient les restes de Montcalm, cette éloquente épitaphe :

Honneur à Montcalm :
Le destin, en le privant de la victoire,
L'a récompensé par une mort glorieuse.

Quant à l'inscription primitive composée par l'Académie, elle a été reproduite et gravée sur le monument funèbre que la population de Québec a élevé à Montcalm en 1859.

NOTICE

SUR LE MONUMENT ÉLEVÉ A QUÉBEC,
EN SOUVENIR DE LA SECONDE BATAILLE DES PLAINES D'ABRAHAM

(Extrait du journal de l'*Instruction publique en Canada* pour 1863.)

Le combat du mois d'avril 1760 était une belle revanche accordée au petit peuple fidèle et valeureux que le désastre de l'année précédente avait si cruellement désolé; c'était le couronnement utile, seulement au point de vue moral, de toutes les inutiles victoires remportées dans les campagnes précédentes; enfin c'était un dernier titre de noblesse ajouté à tous ceux qui devaient nous concilier l'estime et le respect de nos vainqueurs.

Mais cette seconde bataille des plaines d'Abraham, plus considérable, sous quelques rapports, que la première, a été pendant longtemps relativement inconnue et comme jetée dans l'ombre par l'immense résultat de la rencontre du 13 septembre 1759. Tout concourait du reste à faire de celle-ci un grand évènement historique. L'Europe, depuis ce temps, n'a guère su de nous autre chose...

La découverte de nombreux ossements près du chemin de Saint-Foye suggéra à la Société Saint-Jean-Baptiste de Québec l'idée d'élever une colonne à la mémoire de Lévis et de Murray, et à celle des braves qui combattirent sous leurs ordres. Trois imposantes cérémonies ont permis à plusieurs représentants successifs de notre gracieuse souveraine de prendre part à ce grand acte de justice. Le général Rovan, le 5 juin 1854, à l'occasion de la cérémonie funèbre par laquelle on donna la sépulture chrétienne aux ossements retrouvés; Sir Edmond Head, le

15 juillet 1855, lors de la pose de la première pierre, et enfin lord Monck, le 17 octobre 1862, lors de l'inauguration du monument complété par la statue donnée par le prince Napoléon, ont noblement terminé l'œuvre commencée par lord Dalhousie et continuée par lord Aylmer.

La présence du commandant Belvèze, en 1853, avec l'équipage du premier vaisseau de guerre français qui ait remonté le Saint-Laurent depuis la cession du pays, et cette année (1863) celle du premier consul général que la France ait accrédité en Canada, sont aussi deux coïncidences on ne peut plus heureuses.

Le nouveau monument consiste en une colonne de bronze cannelée, placée sur un piédestal de belles proportions, qui repose lui-même sur une base en pierre. Une statue de Bellone la couronne; elle porte la lance et le bouclier mythologiques et est tournée vers cette partie du champ de bataille qu'occupait l'armée française. Quatre mortiers en bronze sont placés à chaque coin du piédestal. La face qui regarde le chemin de Saint-Foye porte cette inscription : « *Aux braves de* 1760. » *Erigé par la Société Saint-Jean-Baptiste de Québec*, 1860. — Du côté de la ville, le nom de Murray se lit au-dessus des armes et des emblèmes de l'Angleterre : du côté de la campagne, celui de Lévis, au-dessus des armes et des emblèmes de la vieille France. En arrière se trouve un bas-relief représentant les armes et les emblèmes du Canada.

La statue a dix pieds de hauteur, et le monument en a soixante-quinze en tout.

Pierre J.-O. Chauveau.

ARTICLES DE CAPITULATION [1]

Entre Son Excellence le général Amherst, commandant en chef les troupes et forces de Sa Majesté Britannique en Amérique septentrionale, et Son Excellence M. le marquis de Vaudreuil, grand-croix de l'ordre royal et militaire de Saint-Louis, gouverneur et lieutenant général pour le roi au Canada.

ARTICLE 1er. — Vingt-quatre heures après la signature, le général anglais fera prendre par les troupes de Sa Majesté Britannique possession des portes de la ville de Montréal, et la garnison anglaise ne pourra y entrer qu'après l'évacuation des troupes françaises.

Toute la garnison de Montréal doit mettre bas les armes et ne servira point pendant la présente guerre, immédiatement après la signature de la présente.

ART. 2. — Les troupes et milices qui seront en garnison dans la ville de Montréal en sortiront par la porte de... avec tous les honneurs de la guerre, six pièces de canon et un mortier, qui seront chargés dans les vaisseaux où le marquis de Vaudreuil embarquera, avec dix coups à tirer par pièce; il en sera de même pour la garnison des Trois-Rivières pour les honneurs de la guerre.

Les troupes du roi prendront possession des postes et posteront les gardes nécessaires pour maintenir le bon ordre dans la ville.

ART. 3. — Les troupes et les milices qui seront en garnison dans les forts de Jacques Cartier, et dans l'île Sainte-Hélène et autres forts, seront traitées de même et auront les mêmes honneurs, et ces troupes se rendront

---

1. Nous n'avons reproduit que les principales dispositions de la convention. Les articles proposés par le marquis de Vaudreuil sont suivis de la réponse du général Amherst en caractères italiques.

à Montréal ou à Trois-Rivières, ou à Québec, pour y être embarquées pour le premier port de mer en France par le plus court chemin. Les troupes qui sont dans nos forts situés sur nos frontières du côté de l'Acadie, au détroit, à Michillimakinac et autres postes, jouiront des mêmes honneurs et seront traitées de même.

Toutes ces troupes ne doivent point servir pendant la présente guerre, et mettront pareillement bas les armes.

Le reste accordé.

ART. 4. — Les milices, après être sorties des villes, des forts et postes ci-dessus, retourneront chez elles sans pouvoir être inquiétées, sous quelque prétexte que ce soit, pour avoir porté les armes.

Accordé.

ART. 5. — Les troupes qui tiennent la campagne lèveront leur camp, marcheront tambour battant, armes, bagages et avec leur artillerie, pour se joindre à la garnison de Montréal et auront en tout le même traitement.

Ces troupes doivent, comme les autres, mettre bas les armes.

ART. 27. — Le libre exercice de la religion catholique, apostolique et romaine subsistera en son entier, en sorte que tous les États et peuples des villes et des campagnes, lieux et postes éloignés, pourront continuer de s'assembler dans les églises et fréquenter les sacrements comme ci-devant, sans être inquiétés en aucune manière, ni directement ni indirectement.

Accordé pour le libre exercice de leur religion.

Ces peuples seront obligés, par le gouvernement anglais, à payer aux prêtres qui en prendront soin, les dîmes et tous les droits qu'ils payaient sous le gouvernement de Sa Majesté Très-Chrétienne.

L'obligation de payer les dîmes aux prêtres dépendra de la volonté du Roi.

ART. 28. — Le chapitre, les prêtres, curés et missionnaires continueront, avec entière liberté, leurs exercices et fonctions curiales dans les paroisses des villes et des campagnes.

Accordé.

ART. 32. — Les communautés de filles seront conservées dans leurs constitutions et privilèges ; elles continueront d'observer leurs règles ; elles seront exemptes du logement des gens et il sera fait défense de les troubler dans les exercices de piété qu'elles pratiquent, ni d'entrer chez elles ; on leur donnera même des sauvegardes si elles en demandent.

Accordé.

ART. 33. — Le précédent article sera pareillement exécuté à l'égard des communautés des Jésuites et Récollets, et de la maison des prêtres de Saint-Sulpice à Montréal ; ces derniers et les Jésuites conserveront le droit qu'ils ont de nommer à certaines cures ou missions, comme ci-devant.

Refusé jusqu'à ce que le plaisir du Roi soit connu.

ART. 34. — Toutes les communautés et tous les prêtres conserveront leurs meubles, la propriété et l'usufruit des seigneuries et autres biens que les uns et les autres possèdent dans la colonie, de quelque nature qu'ils soient, et lesdits biens seront conservés dans leurs privilèges, droits, honneurs et exemptions.

Accordé.

ART. 37. — Les seigneurs de terre et officiers militaires et de justice, les Canadiens tant de villes que de campagnes, les Français établis ou commerçants dans toute l'étendue de la colonie du Canada, et toute autre personne que ce puisse être, conserveront l'entière et paisible propriété et possession de leurs biens seigneuriaux et roturiers, meubles et immeubles, marchandises, pelleteries et autres effets, même de leurs bâtiments de mer ; il n'y sera point touché, ni fait le moindre dommage, sous quelque prétexte que ce soit ; il leur sera libre de les conserver, louer, vendre soit aux Français, ou aux Anglais, d'en emporter le produit en lettres de change, pelleteries, espèces sonnantes ou autres retours, lorsqu'ils jugeront à propos de passer en France, en payant le fret comme l'article 26.

Accordé.

ART. 38. — Tous les peuples sortis de l'Acadie qui se trouveront en Canada, y compris les frontières du Canada du côté de l'Acadie, auront le même traitement que les Canadiens, et jouiront des mêmes privilèges qu'eux.

C'est au Roi à disposer de ses anciens sujets; en attendant, ils jouiront des mêmes privilèges que les Canadiens.

ART. 39. — Aucuns Canadiens, Acadiens, ni Français qui sont présentement en Canada et sur les frontières de la colonie du côté de l'Acadie, du détroit, Michillimakinac et autres lieux et postes des pays d'en haut, ni les soldats mariés et non mariés restant en Canada, ne pourront être portés ni transmigrés dans les colonies anglaises, ni en l'ancienne Angleterre, et ils ne pourront être recherchés pour avoir pris les armes.

Accordé, excepté à l'égard des Acadiens.

ART. 40. — Les sauvages ou Indiens alliés de Sa Majesté Très Chrétienne seront maintenus dans les terres qu'ils habitent, s'ils veulent y rester; ils ne pourront être inquiétés sous quelque prétexte que ce puisse être pour avoir pris les armes, et servi sa Majesté Très Chrétienne.

Ils auront, comme Français, la liberté de religion et conserveront leurs missionnaires ; il sera permis aux vicaires généraux actuels et à l'évêque, lorsque le siège épiscopal sera rempli, de leur envoyer de nouveaux missionnaires lorsqu'ils le jugeront nécessaire.

Accordé, à la réserve du dernier article qui a déjà été refusé.

ART. 41. — Les Français, Canadiens, Acadiens qu resteront dans la colonie, de quelque état et condition qu'ils soient, ne seront ni ne pourront être forcés à prendre les armes contre Sa Majesté Très Chrétienne, ni ses alliés, ni directement, ni indirectement, dans quelque occasion que ce soit ; le gouvernement britannique ne pourra exiger d'eux qu'une exacte neutralité.

Ils deviennent sujets du roi.

ART. 42. — Les Français et les Canadiens continueront d'être gouvernés suivant la coutume de Paris, les lois en usage établies pour ce pays, et ils ne pourront être assujettis à d'autres impôts qu'à ceux qui étaient établis sous la domination française.

Répondu par les articles précédents, et particulièrement par le dernier.

ART. 46. — Les habitants et les négociants jouiront de tous les privilèges du commerce aux mêmes faveurs et conditions accordées aux sujets de Sa Majesté Britannique, tant dans les pays d'en haut que dans l'intérieur de la colonie.

Accordé.

ART. 50. — La présente capitulation sera inviolablement exécutée et tous ses articles de part et d'autre, et de bonne foi, nonobstant toute infraction et tout autre prétexte par rapport aux précédentes capitulations, et sans pouvoir servir de représailles.

Accordé.

Fait au camp devant Montréal, ce 8 septembre 1760.

SOUVENIR D'UN VOYAGE AU CANADA

Le Canada! Jamais je n'oublierai l'impression que je ressentis en le visitant pour la première fois. Je venais de traverser une partie des États-Unis, qui, je dois le dire, ne m'avaient point converti à leur république. Après un dur trajet dans des wagons égalitaires, et sur des bateaux non moins égalitaires, après deux ou trois transbordements au milieu d'une foule tumultueuse et batailleuse, soudain quel changement! Devant moi, dans des plaines paisibles, s'élèvent des maisons avec le jardin et l'enclos, comme on les voit en Normandie. A mes yeux apparaissent des physionomies dont je me plais à observer l'honnête et bonne expression; à mes oreilles résonne l'idiome de la terre natale. Mon cœur se dilate; ma main serre avec confiance une autre main. Je ne suis plus en pays étranger. Je suis sur le sol du Canada, dans l'ancien empire de nos pères. Quel empire! De l'est à l'ouest, un espace de cinq cents lieues. A l'une de ses extrémités les profondeurs du golfe Saint-Laurent; à l'autre le lac Supérieur, le plus grand lac de l'univers. Entre ces deux immenses nappes d'eau, des

1. Depuis Alexis de Tocqueville, qui visitait le Canada il y a cinquante ans, tous nos voyageurs écrivains, surtout l'auteur des *Lettres sur l'Amérique*, ont parlé avec émotion de l'inaltérable attachement que garde, là-bas, pour la mère-patrie une famille trop longtemps oubliée. La reconnaissance envers « ce noble Canada » vient encore d'inspirer à M. Xavier Marmier les pensées les plus touchantes de son présent volume : *En pays lointains*. Il nous est doux de pouvoir mettre sous les yeux du lecteur un fragment de ce livre, qui contient tant d'autres pages aussi instructives que charmantes.

forêts d'où l'on peut tirer des bois de construction pour le monde entier, des pâturages, des champs de blé et de maïs, les rustiques *loghouses* des défricheurs le long des clairières, les riants villages, les villes superbes au bord des fleuves et des rivières, et toutes les œuvres de l'industrie et de la science moderne : chemins de fer, bateaux à vapeur, télégraphes. Cette belle contrée, trois fois plus étendue que l'Angleterre et l'Irlande, était à nous, et se rejoignait par le bassin du Mississipi à la Louisiane, conquise aussi par nous. Et de tout cela, plus rien à la France, pas le moindre hameau. Non. Mais la France est là vivante en un plus grand nombre de familles qu'au temps où elle avait là ses citadelles et ses gouverneurs. Sa conquête territoriale lui a été enlevée ; sa conquête d'affection s'est accrue par l'accroissement continu de la population. Entre Québec et Toronto, il y a maintenant 1 200 000 Canadiens d'origine française.

Qu'on se figure une de ces plantes dont un coup de vent emporte le germe sur une plage lointaine où il prend racine, où il se développe, où il produit des rejetons qui, peu à peu, s'élèvent au milieu d'un amas de plantes étrangères. C'est l'image de cette population française si petite d'abord, mais si ferme, qui a grandi entre les tribus indiennes, qui les a graduellement dominées, et qui maintenant conserve sous le régime britannique, dans les villes comme dans les campagnes, les traits distinctifs de sa nationalité ; dans les villes tout ce qui représente l'idée intellectuelle : écoles et musées, livres et journaux, des hommes instruits, des écrivains de talent et des salons où règnent encore ces habitudes de bonne grâce, d'exquise politesse dont la France a donné le modèle au monde entier.

Dans les campagnes, l'humble travail agricole de l'*habitant*, c'est ainsi que l'on désigne les descendants de nos anciens colons, comme si eux seuls résidaient à poste fixe dans le pays, comme si les Anglais et les Américains qui y sont venus successivement étaient seulement des passagers.

Et le fait est qu'il reste solidement établi dans sa ferme

cet honnête habitant. Si petite qu'elle soit, il ne pense point à la quitter ; il ne se laisse point séduire par tout ce qu'il entend raconter des fructueuses plantations en d'autres contrées, des spéculations du commerce et de l'industrie. Si petite qu'elle soit, il se plaît à la cultiver, content de vivre au lieu où il est né et de faire ce que son père a fait.

Si, en cheminant par les sentiers du bas Canada, vous rencontrez un de ces habitants, soyez sûr que, jeune ou vieux, le premier il vous saluera très poliment, et pour peu que vous témoigniez le désir de vous arrêter dans son village, il vous invitera à visiter sa maison, une très humble maison, mais très propre, les murs blanchis à la chaux et des fleurs sur les fenêtres; point de meubles superflus ni de provisions luxueuses; quelques jambons peut-être et quelques bouteilles de vin dans le cellier, pour les jours solennels; nulle grosse somme dans l'armoire, mais certainement deux ou trois actes qui constatent la filiation de cet honnête paysan et son origine. Ce sont ses titres de noblesse. Il sait par là que son aïeul est venu de la Normandie ou de la Bourgogne, de la Bretagne ou de la Franche-Comté. Si vous pouvez lui parler de la province à laquelle se rattachent ses traditions de famille, il en sera touché. Heureux philosophe ! La modération de ses goûts écarte de lui la griffe de l'avarice et de l'ambition. Ses habitudes d'ordre et de travail lui donnent le bien-être, sa croyance héréditaire, sa croyance religieuse lui assure la paix du cœur.

Nous devons rendre justice aux Anglais. En prenant possession du Canada, ils s'engageaient à respecter son culte, ses institutions, ses coutumes, et ils ont loyalement tenu leur promesse. Les seigneurs canadiens ont gardé leurs prérogatives, les fermiers leurs contrats, le clergé catholique ses dotations et ses privilèges. J'ai vu à Montréal une procession sortant de la cathédrale en grande pompe, et défilant entre deux lignes de soldats anglais, revêtus de leur uniforme de parade, debout et silencieux dans l'attitude la plus respectueuse.

Jadis notre empire canadien s'appelait la Nouvelle-France. En le voyant aujourd'hui avec ses lois, ses mœurs d'un autre temps et sa langue qui a gardé la sévère élégance du XVIIe siècle, nous pourrions bien l'appeler l'ancienne France, et j'ajouterais, la fidèle, la charmante France.

XAVIER MARMIER,
de l'Académie française.

DÉCOUVERTE DU CANADA

ET PREMIERS ESSAIS DE COLONISATION JUSQU'A LA FONDATION DE QUÉBEC.

Comprenant qu'à l'instar des autres grandes nations de l'Europe, la France devait réclamer sa part du nouveau monde découvert par Christophe Colomb, François Ier, suivant en cela l'avis de Philippe de Chabot, amiral de ses armées de mer, confia à Jacques Cartier, navigateur de Saint-Malo, connu pour son énergie et son esprit d'entreprise, le soin d'aller explorer la partie nord du nouvel hémisphère.

Le 20 avril 1534, Jacques Cartier partait donc de Saint-Malo avec deux vaisseaux de soixante tonneaux environ chacun, montés par soixante et un hommes d'équipage, jetait l'ancre le 16 juillet de la même année dans le bassin de Gaspé, à l'entrée du Saint-Laurent[1], et plantait sur cette partie du territoire d'Amérique dont il prenait possession au nom du roi son maître, une croix sur laquelle étaient inscrits ces mots : *Vive le roi de France!* Puis il revint rendre compte de sa mission à François Ier. Le 19 mai 1535 le capitaine malouin mettait de nouveau à la voile avec trois vaisseaux dans le but de pousser plus loin ses explorations de l'année précédente. Après avoir remonté le Saint-Laurent jusqu'à Hochelaga (aujourd'hui Montréal), il revenait mouiller plus bas dans le fleuve à l'embouchure de la rivière de Saint-Charles[2] pour y passer l'hiver. Mais pendant

---

1. Voir la carte n° 1.
2. Près du village de Stadaconé (aujourd'hui Québec), où régnait le grand chef sauvage Donacona, qui accueillit cordialement les nouveaux venus.

hiver'nage, son équipage ayant été décimé par le scorbut, il se vit obligé de retourner en France, de bonne heure, le printemps suivant.

Les premières tentatives qui furent faites pour coloniser le Canada[1] ou la *Nouvelle-France,* comme on appelait alors indistinctement l'immense territoire dont Jacques Cartier venait de doter la France, échouèrent complètement et celles qui suivirent ne réussirent jamais qu'à demi. Aussi, pendant près de deux siècles le développement de la population y fut-il à peu près nul. Dès 1541, François Ier avait pensé à fonder une colonie dans le Nouveau-Monde. M. de Roberval, nommé lieutenant-général du roi pour les nouvelles possessions, avait été chargé d'en jeter les premiers fondements. Jacques Cartier, choisi pour diriger cette expédition, partit en avant le 23 mai 1541, avec cinq vaisseaux de quatre cents tonneaux chacun, munis de provisions pour deux ans, avec l'intention d'hiverner au Canada. Mais, malgré les précautions qu'il avait pu prendre, ses équipages ayant autant souffert que pendant l'hiver de 1535-36, il résolut de retourner en France dès le printemps venu, sans attendre l'arrivée de M. de Roberval. Chemin faisant, dans les parages de Terre-Neuve, il rencontra ce dernier qui, parti de la Rochelle le 16 avril, venait le rejoindre avec trois vaisseaux, portant 200 émigrants et accompagné d'un certain nombre de gentilshommes. N'ayant pu réussir à persuader à Cartier de revenir avec lui, M. de Roberval continua sa route et vint atterrir à Charlesbourg. L'hiver fut fatal au nouvel établissement, qui, dans l'espace de quelques mois, perdit près du tiers de ses membres.

Sur ces entrefaites, la guerre s'étant rallumée entre François Ier et Charles-Quint, au lieu des renforts qu'il attendait, M. de Roberval reçut l'ordre de revenir en France et d'y ramener ses compagnons.

---

1. On a beaucoup discuté sur l'origine du mot *Canada* sans jamais pouvoir tomber d'accord.

APPENDICE.

Après la conclusion de la paix, M. de Roberval reprit, avec l'assentiment de Henri II, qui venait de succéder à son père, ses projets de colonisation du Canada. Accompagné de son frère, il se remit, en 1549, à la tête d'une nouvelle expédition, qui dut périr en mer, car on n'en eut jamais de nouvelles. Le Canada resta oublié pendant le demi-siècle qui suivit cette catastrophe[1].

Au commencement du XVI° siècle une société commerciale fondée à Rouen et patronnée par le commandeur de Chastes, gouverneur de Dieppe, obtint le privilège exclusif pour la traite des pelleteries dans le nord de l'Amérique, à la condition de coloniser le territoire.

Les associés dirigèrent vers le Canada une nouvelle expédition commandée par Pont-Gravé, pour continuer les découvertes de Jacques Cartier et fonder des établissements dans le pays. A l'expédition était attaché un navigateur déjà célèbre, nommé Samuel de Champlain, protégé par le roi Henri IV.

Le vaisseau partit de Honfleur le 15 mars 1603 et aborda à Tadousac sur le Saint-Laurent, au confluent de ce fleuve et du Saguenay. Les deux chefs de l'expédition remontèrent ensuite jusqu'au sault Saint-Louis où Jacques Cartier s'était arrêté, et ils pénétrèrent assez avant dans l'intérieur des terres. Champlain dressa une carte des lieux qu'il avait visités, et rentré en France il publia le récit de son voyage. Henri IV, qui prenait à ces découvertes un intérêt croissant, encouragea la compagnie des associés de Rouen et accorda à son agent le sieur de Monts le titre de « lieutenant-général du roi en la Nouvelle-France ».

De Monts, emmenant Champlain comme « géographe du roi », s'embarqua au Havre et le 6 mai 1604 son navire jeta l'ancre sur les rivages de l'Acadie au sud du Saint-Laurent, où l'on pensait trouver un climat moins rigoureux que celui du Canada.

Champlain resta trois ans en Acadie, dont il explora les

1. Tout ce qu'on vient de lire est extrait de la Notice historique sur le Canada par M. Paul de Cazes.

côtes et l'intérieur. C'est pendant ce temps que la colonie de Port-Royal (aujourd'hui Anapolis) fut fondée.

De retour en France, en 1607, Champlain repartit de nouveau l'année suivante, cette fois comme chef de l'expédition, et, poursuivant ses premiers projets, il remonta le Saint-Laurent avec deux navires. Devant l'ancien village de Stadaconé, dont il avait apprécié la situation incomparable, il débarqua avec tous ses gens, s'établit à terre et fit élever les premières maisons de la ville de Québec[1]. Dès lors l'installation des Français en Canada fut définitive.

---

1. Comme sur le sens du mot *Canada*, on a beaucoup controversé sur l'étymologie de *Québec*. Ce nom paraît venir du mot *Kebec*, qu dans la langue des sauvages signifie : rétrécissement des eaux. — En effet, au pied du promontoire de Québec le Saint-Laurent se trouve subitement resserré par le rivage.

LA PUISSANCE DU CANADA

(CANADA DOMINION)

La **Confédération Canadienne** ou Puissance du Canada, dont la population dépasse 4 millions d'âmes, se compose de sept provinces et du vaste territoire dit du *Nord-Ouest*, destiné à former plus tard, quand il sera suffisamment peuplé, une ou plusieurs provinces. Les sept provinces aujourd'hui confédérées sont Québec, Ontario, Nouvelle-Écosse, Nouveau-Brunswick, Manitoba, Colombie anglaise, Ile du Prince-Édouard. Toute l'Amérique britannique du Nord (à l'exception de l'île de Terre-Neuve) fait donc dès à présent partie de l'Union Canadienne, qui s'étend de l'océan Atlantique au Pacifique, et des limites des États-Unis à la mer Glaciale, moins toutefois le territoire d'Alaska, sur l'océan Pacifique, cédé par la Russie aux États-Unis.

Le siège du gouvernement est à Ottawa[1] dans la province d'Ontario. Le gouvernement est fédéral constitutionnel, il a la direction et le contrôle des intérêts généraux des provinces confédérées ; il comprend trois pouvoirs : un gouverneur général, nommé par la Reine d'Angleterre[2] ; une chambre haute appelée *Sénat,* une Chambre basse ap-

---

1. Au Canada, le siège du gouvernement a été souvent déplacé, par suite des circonstances politiques. Depuis 1865 il est établi à Ottawa, ville neuve d'environ 20 000 habitants, bâtie sur le bord de la rivière Ottawa.

2. Le gouverneur général est assisté du conseil privé de la reine *en Canada*, composé du président du conseil, ministre sans portefeuille, du secrétaire d'État et des ministres qui ont la direction des départements qui suivent : la Justice, les Travaux publics, l'Intérieur, la Marine et les Pêcheries, la Milice et la Défense, les Finances, les Douanes, le Revenu intérieur, les Postes, l'Agriculture et les Arts.

pelée *Chambre des communes.* Le sénat compte 77 membres, nommés à vie par la couronne. Le nombre de ces sénateurs est proportionné, pour chaque province, au chiffre de la population. La Chambre des Communes se compose d'environ deux cents députés, élus par le peuple pour cinq ans; le nombre de ces députés pour chaque province varie également suivant le chiffre de la population. Dans les deux Chambres, la discussion peut avoir lieu, indifféremment, en français ou en anglais, et tous les documents officiels doivent être forcément publiés dans les deux langues.

Chacune des provinces confédérées possède en outre un gouvernement constitutionnel particulier et règle à son gré toutes les affaires locales. Les pouvoirs provinciaux se composent d'un lieutenant gouverneur, d'un conseil exécutif et d'une ou deux assemblées. Le droit de *veto* que le gouverneur général et les lieutenants gouverneurs peuvent exercer au besoin au nom du souverain anglais, est la seule mesure répressive que le gouvernement de la métropole se soit réservée sur ses colonies de l'Amérique du Nord[1]. La province de Québec a pour capitale la ville qui lui a donné son nom. La capitale d'Ontario est Toronto; celle de la Nouvelle-Écosse, Halifax. Le Nouveau-Brunswick a pour capitale Fredericton; Manitoba, Winnipeg; la Colombie anglaise, Victoria; et l'île du Prince-Édouard, Charlottetown.

Nous croyons qu'il ne sera pas sans intérêt pour le lecteur de trouver ici quelques notions historiques sur la manière dont s'est formée la Confédération canadienne, et nous empruntons le résumé qui suit à un excellent ouvrage franco-canadien devenu classique[2].

Le Canada, que les Français avaient partagé en trois

---

1. Voir l'instructif ouvrage de M. Napoléon Legendre, *Notre constitution et nos institutions*, 1878. Montréal.

2. *Géographie moderne*, par l'abbé Holmes, 7ᵉ édition, revue par M. l'abbé Gauthier, et publiée en 1870 par J.-B. Rolland et fils, libraires-éditeurs, à Montréal.

gouvernements (Québec, Montréal et Trois-Rivières), fut divisé, en 1791, par un acte du Parlement de la Grande-Bretagne, en deux provinces séparées, celle du Haut-Canada et celle du Bas-Canada. Chacune de ces provinces reçut en même temps une constitution, par laquelle il fut réglé que dans l'une et dans l'autre il y aurait un gouverneur ou un lieutenant gouverneur, un conseil exécutif, un conseil législatif de sept membres au moins pour le Haut-Canada, et de quinze au moins pour le Bas-Canada, et enfin une assemblée de représentants élus par les citoyens de chaque province. Les gouverneurs, les lieutenants gouverneurs, et les membres des deux conseils devaient être à la nomination de Sa Majesté, ainsi que les juges des cours *du banc du Roi* et tous les principaux fonctionnaires publics. Les conseillers législatifs étaient inamovibles. L'élection des représentants devait se faire tous les quatre ans, à moins que le Parlement ne fût dissous par le gouverneur. Aucune loi provinciale ne pouvait passer sans le concours des trois branches de la législature, le chef de l'administration pouvant toujours, et devant quelquefois, réserver les *bills* (ou projets de loi) à la sanction du souverain en Angleterre.

Le 10 février 1838, le même Parlement-Impérial suspendit, pour le Bas-Canada, l'acte de 1791, et y établit provisoirement un *Conseil spécial*, assez semblable à celui qui existait avant la constitution. Enfin le 5 février 1841 fut proclamée dans le pays la réunion des deux provinces sous un *gouverneur général* et une seule législature. Le nombre des comtés du Bas-Canada fut réduit de 40 à 36, et celui des représentants de 88 à 42. Le Haut-Canada reçut une égalité de voix dans la chambre législative (42 au lieu de 50). Cet acte de réunion introduisit de graves changements politiques, qu'il serait ici trop long d'énumérer. Par le fait, les deux grandes divisions se conservèrent, même dans le langage officiel et dans toutes les mesures administratives, sous les titres de *Canada-Est* et de *Canada-Ouest*.

Le 1er juillet 1867, l'union des deux Canada disparut devant l'organisation plus vaste d'une *Confédération*. Cédant aux vœux des législatures du Canada-Uni, de la Nouvelle-Écosse et du Nouveau-Brunswick, le Parlement anglais avait adopté, le 30 mars de cette même année, *l'acte de l'Amérique britannique du Nord*, qui proclamait, sous le nom de *Canada*, ou de *Puissance du Canada (Canada Dominion)*, l'union politique des provinces ci-dessus mentionnées. Les dispositions de cet acte n'ont apporté aucun changement aux limites respectives des quatre provinces. Mais le Haut et le Bas-Canada ont reçu les noms d'*Ontario* et de *Québec*.

L'acte du gouvernement anglais de 1867, qui posait les bases de la confédération canadienne, donnait aussi pouvoir d'annexer dans cette union toutes les autres possessions britanniques de l'Amérique du Nord. C'est en vertu de ces dispositions que le Manitoba, la Colombie anglaise et l'île du Prince-Édouard se sont successivement réunis aux quatre provinces, qui, en 1867, formaient seules *la Puissance du Canada*.

PROVINCE DE QUÉBEC

Bornes. — Au nord, la chaîne de hauteurs qui forme la ligne de partage des eaux entre la baie d'Hudson et le Saint-Laurent; à l'est, le Labrador et le golfe Saint-Laurent; au sud-est, les côtes septentrionales de la baie des Chaleurs, le Nouveau-Brunswick, le Maine, le New-Hampshire; au sud, les États de Vermont et de New-York; au sud-ouest et à l'ouest, le Saint-Laurent, les deux comtés de Glengary et de Prescott, dans la province d'Ontario, la rivière des Outaouais, le lac Témiscaming.

Divisions. — La province de Québec comprend vingt grands districts.

Ces districts comprennent 60 comtés [2]. Voici le tableau de cette double division :

---

1. Après avoir parlé du Canada en général, nous croyons être agréable à nos lecteurs en leur donnant quelques détails particuliers sur la province de Québec ou Bas-Canada. Ce pays colonisé par les émigrants français aux XVIIe et XVIIIe siècles, est celui où le souvenir de la France est resté le plus vivant dans une population en grande majorité composée de descendants des premiers colons. Les notes qu'on va lire sont empruntées pour la plupart à la *Géographie moderne* déjà citée plus haut.

2. Les districts se rapportent à la division judiciaire de cette province, les comtés à la division politique.

DISTRICTS.	COMTÉS.	CHEFS-LIEUX.
Québec.	Portneuf, Québec, Lévis, Montmorency, Lotbinière.	Cité de Québec.
Montréal.	Hochelaga, Jacques-Cartier, Laval, Vaudreuil, Soulanges, Laprairie, Chambly, Verchères.	Cité de Montréal.
Trois-Rivières.	Maskinongé, Saint-Maurice, Champlain, Nicolet.	Cité des Trois-Rivières.
Gaspé.	Gaspé, Bonaventure.	New-Carlisle et Percé.
Saint-François.	Richmond. Wolfe, Compton, Stanstead.	Ville de Sherbrooke.
Kamouraska.	Kamouraska, Témiscouata.	Paroisse de Saint-Louis de Kamouraska.
Ottawa.	Ottawa, Pontiac.	Village d'Aylmer.
Terrebonne.	Argenteuil, Deux-Montagnes, Terrebonne.	Village de Sainte-Scholastique.
Joliette.	Joliette, Montcalm, l'Assomption.	Ville de Joliette.
Richelieu.	Richelieu, Yamaska, Berthier.	Ville de Sorel.
Saguenay.	Charlevoix, Saguenay.	Paroisse de la Malbaie.
Chicoutimi.	Chicoutimi.	Chicoutimi.
Rimouski.	Rimouski.	Ville de Saint-Germain de Rimouski.
Montmagny.	L'Islet, Montmagny, Bellechasse.	Village de Montmagny.

DISTRICTS.	COMTÉS.	CHEFS-LIEUX.
Beauce.	Beauce, Dorchester.	Paroisse de Saint-Joseph de la Beauce.
Arthabaska.	Mégantic, Arthabaska, Drummond.	Paroisse de Saint-Christophe d'Arthabaska.
Bedford.	Shefford, Missisquoi, Brome.	Nelsonville (township de Dunham).
St.-Hyacinthe.	Saint-Hyacinthe, Bagot, Rouville.	Ville de Saint-Hyacinthe.
Iberville.	Saint-Jean, Napierville, Iberville.	Ville de St-Jean.
Beauharnois.	Chateauguay, Beauharnois, Huntingdon.	Ville de Beauharnois.

Les comtés se divisent en seigneuries et en *townships*. Les *paroisses* sont formées quelquefois d'une seule seigneurie; quelquefois, au contraire, elles renferment plusieurs seigneuries ou plusieurs cantons, soit en entier, soit en partie.

Division ecclésiastique. — Il y a dans la province de Québec huit *diocèses*, savoir : l'*archevêché* de Québec, et les *évêchés* de Montréal, de Saint-Hyacinthe, des Trois-Rivières, de Saint-Germain de Rimouski, d'Ottawa, de Sherbrooke et de Chicontimi.

Montagnes. — Au cap Rosier, sur le golfe Saint-Laurent, commence une chaîne de hauteurs, qui s'étendent au sud-ouest jusqu'à l'État de Vermont, séparant les eaux qui coulent vers le fleuve Saint-Laurent de celles qui se jettent dans le golfe, dans la baie de Fundy, ou dans l'Atlantique; leur plus grande élévation est de 4 à 5000 pieds. Ces montagnes font partie de la grande chaîne des Alléghanys. Sur la rive nord du fleuve Saint-Laurent se trouve une autre chaîne de montagnes. On leur donne le nom de

Laurentides. D'autres montagnes, ou hauteurs encore peu connues, séparent le Canada du territoire de la baie d'Hudson.

Fleuves et rivières. — Le SAINT-LAURENT, qui sort du lac Ontario, grossi des eaux de tous les grands lacs de cette partie du continent, arrose ensuite tout le Bas-Canada, et se jette dans le golfe qui porte son nom par une embouchure large de 40 lieues (160 kilomètres).

La source du Saint-Laurent doit être placée au delà du lac Supérieur, à 40 lieues de celles du Mississipi, et environ à 740 lieues de l'entrée du golfe. Une seule chute, celle de Niagara, justement célébrée comme une des plus étonnantes merveilles de la nature, interrompt totalement la navigation de ce grand fleuve, que des bâtiments de 2000 tonneaux parcourent jusqu'à Montréal, tandis que les plus énormes vaisseaux de guerre peuvent voguer en sûreté depuis l'Océan jusqu'à Québec, et sur presque toute l'étendue de ces grands lacs qui forment ce qu'on appelle quelquefois *la mer du Canada*. La largeur du fleuve, à Montréal, est de 2 milles[1]; à Québec, vis-à-vis la citadelle, de 520 toises (1040 mètres) seulement; entre ces deux villes, de 1 mille et demi à 3 milles; au-dessous de Québec jusqu'à Saguenay, de 8 milles et demi à 15 milles; il s'élargit ensuite graduellement jusqu'à son embouchure; à la pointe occidentale de l'île d'Anticosti on compte 70 milles d'un rivage à l'autre. La marée se fait sentir depuis le golfe jusqu'à 30 lieues au-dessus de Québec; à ce dernier port, elle est de 18 pieds dans les nouvelles et dans les pleines lunes. Depuis la fin de décembre jusqu'en avril, le fleuve couvre une partie de son cours de glaces assez profondes pour porter les voitures les plus pesantes. Il en est de même de ses tributaires.

Ses principaux affluents sont : au nord, l'Outaouais, ou rivière des Outaouais, le Saint-Maurice, le Saguenay, le Betsiamis, la rivière aux Outardes, le Manicouagan, le

---

[1] Le mille anglais équivaut à 1,609 mètres 4 décimètres.

Moïsic, dont l'embouchure est près des Sept-Iles, le Manitou, à mi-distance entre Sept-Iles et Mingan, le Saint-Jean et le Nitigamiou vers le détroit de Belle-Isle; au sud, le Chambly, le Saint-François et la rivière de la Chaudière.

Lacs. — Le lac Témiscaming, traversé par l'Outaouais; le lac Abbitibbi, dont les eaux coulent vers la baie d'Hudson; le lac Sain'-Jean, qui reçoit les eaux de sept grandes rivières et les déverse dans le Saguenay : le lac Champlain, situé presque entièrement entre les Etats de New-York et de Vermont, et dont la partie comprise dans la province de Québec s'appelle la baie de Missiskoui; le lac Memphrémagog et le lac Mégantic, sur la frontière du sud-est; les lacs Long, Témiscouata, Métis et Matapédiac, dans les comtés de Témiscouata et de Rimouski; le lac des Deux-Montagnes, embouchure de l'Outaouais; les lacs Saint-Louis, Saint-François, Saint-Pierre, qui sont autant d'élargissements du fleuve Saint-Laurent, et une foule d'autres.

Iles. — Les principales sont : l'île de Montréal, située au confluent du fleuve Saint-Laurent et de l'Outaouais, longue de 34 milles et large de 11; l'île Jésus, séparée de celle de Montréal par un chenal qu'on nomme la rivière des Prairies, longue de 22 milles et large de 6; l'île d'Orléans, située dans le fleuve, à 3 milles et demi de Québec, longue de 19 milles, large de 5, qui renferme cinq petites paroisses; enfin, l'île d'Anticosti, située à l'embouchure du fleuve, longue de 140 milles et large de 35.

Canaux. — Le canal Beauharnois, entre le lac Saint-François et le lac Saint-Louis, le canal Lachine, sur l'île de Montréal, vis-à-vis le rapide Saint-Louis. Le canal Chambly et les autres travaux exécutés sur le Richelieu font communiquer le Saint-Laurent e' le lac Champlain, et, par suite, Montréal, Québec et New-York; le canal Grenville, commun aux deux provinces, rend l'Outaouais navigable jusqu'à la rencontre du canal Rideau à Ottawa.

Climat, sol et productions. — La province de Québec est exposée à un long hiver, et, pendant quelques jours seulement, à des chaleurs extrêmes. Personne n'ignore combien il est commun, au Canada, de voir arriver les changements de temps après trois jours consécutifs de pluie, de froid, de chaleur, etc. Malgré ces brusques variations de la température, on peut dire qu'il n'y a guère en Amérique de pays dont les saisons soient plus salubres ou plus agréables. Le sol est généralement fertile en froment, en seigle, en avoine, en sarrazin, en toutes sortes de légumes. Parmi les arbres fruitiers, les plus communs, sont les pommiers, les pruniers: les cerisiers, les noyers, etc. A Montréal on a d'excellentes poires et le raisin franc. Les melons, les courges, les concombres, se voient dans la plupart des jardins. Les arbustes à baies remplissent les bois et les savanes. Les forêts renferment encore d'immenses richesses, les lacs et les rivières abondent en poissons d'eau douce; vers le golfe, on a la morue, le hareng, le maquereau, etc.

Mines. — La vallée de la Chaudière renferme de l'or en assez grande abondance; on rencontre le cuivre dans les cantons de l'est, surtout à Acton; le fer des meilleures qualités abonde dans les montagnes du nord, dans les vallées du Saint-Maurice et de la rivière Bastican, à la baie Saint-Paul, dans les cantons du sud-est.

La rivière Moïsic possède les plus vastes et les plus riches gisements de fer magnétique que l'on connaisse.

Commerce[1]. — Traversée d'une extrémité à l'autre par le Saint-Laurent, que plusieurs vastes canaux rendent désormais navigable jusqu'au fond du lac Michigan, et jusqu'à la tête du lac Supérieur, sillonnée par des lignes de chemins de fer qui se rattachent aux grandes voies ferrées

---

1. Au point de vue commercial, nous renvoyons le lecteur à la dernière édition des *Notes sur le Canada*, publiée en 1880 à Québec par M. Paul de Cazes. En dehors des indications commerciales, la notice de M. de Cazes abonde en renseignements de toute nature sur la confédération canadienne. Nous y avons fait des emprunts dont le lecteur nous saura gré.

de la confédération [1], riche en productions naturelles; **partie intégrante d'un empire dont les flottes sillonnent toutes les mers et visitent toutes les terres du globe, la province de Québec,** de même que celle d'Ontario, offre d'immenses facilités aux échanges avec les autres pays. Les principaux articles d'importation sont : les tissus de coton, de laine, de soie, de lin, les articles de modes.

Les exportations se composent des articles suivants : bois de construction; madriers, douves, etc. ; blé, pois, orge, avoine et farines ; vaisseaux neufs; potasse ; lard et bœuf salé ; poisson et huile ; pelleteries ; animaux, beurre, saindoux, biscuit, etc.

Québec et Montréal sont les deux principaux ports d'entrée et les deux grands centres commerciaux de la province.

Industrie. — L'attention du pays paraît se tourner sérieusement vers les moyens de développer ses ressources industrielles. Parmi les manufactures en grand, nous pouvons citer avec éloge les superbes fonderies des trois villes de Québec, des Trois-Rivières et de Montréal ; les filatures de Chambly et de Sherbrooke; les moulins à papier de Portneuf et de Sherbrooke et le Valleyfield; les tanneries de Montréal et de Québec; les machines à clous, à cadres, la province de Québec compte aussi environ deux cents fabriques de fromage et de beurre et des manufactures de sucre de betterave, etc.

Agriculture. — Cette grande et noble occupation, seule base de la prospérité des peuples, est pratiquée par la très grande majorité des habitants de la province. Ils n'ont cessé d'y trouver, non seulement une honnête subsistance, mais encore les moyens d'entretenir les importantes relations commerciales dont nous venons de parler. La fertilité du sol et l'immense étendue des forêts promettent à la

1. Parmi ces grandes voies il faut citer le *Grand Pacifique Canadien* actuellement en construction, le futur rival du célèbre *Railway Pacific* qui, à travers les États-Unis, unit les deux océans. La longueur du chemin de fer canadien, de Montréal, point de départ, à l'embouchure de la rivière Fraser sur l'océan Pacifique, sera de 4302 kilomètres.

génération naissante le même bien-être matériel et moral, pourvu qu'en améliorant la culture des terres anciennes elle se hâte de saisir et de faire valoir le riche héritage qui lui est légué par la Providence en défrichant les forêts vierges. Depuis quelques années un élan nouveau a été acquis à l'agriculture, notamment sur les rives du Saguenay et autour du lac Saint-Jean. Un grand avenir paraît réservé à ces régions jusqu'ici à peine exploitées[1].

Villes. — Québec, place militaire de premier rang, principal centre du commerce maritime, siège du gouvernement local, d'un archevêché et d'une université catholiques, est situé au confluent du fleuve Saint-Laurent et de la rivière Saint-Charles, sur le penchant d'un promontoire appelé Cap-Diamant. La Haute-Ville s'élève majestueusement en forme d'amphithéâtre au-dessus du fleuve et des campagnes voisines, présentant de tous côtés les plus beaux points de vue qu'il soit possible d'imaginer. La Basse-Ville est construite presque entièrement sur un terrain que baignaient autrefois les eaux du fleuve. C'est à sa situation exceptionnelle, et aux sites pittoresques des lieux d'alentour, que Québec doit cet ensemble de beautés qui le place au rang des plus agréables villes du monde, et ne lui laisse peut-être d'autre rivale que la ville de Naples. Sa vieille enceinte bastionnée, ses maisons généralement mal bâties, ses rues mal pavées, courtes, étroites, qui courent irrégulières et sans ordre, la distinguent entre toutes les villes d'Amérique, et lui donnent ce cachet d'antiquité qui rappelle les vieilles cités européennes. Puissamment défendu, par la nature, Québec ne l'est pas moins par sa citadelle dont les ouvrages immenses excitent l'admiration de tous les étrangers. Population 62 446 âmes en 1881.

La rade de Québec est sûre, commode, et assez vaste pour contenir les flottes les plus nombreuses.

1. Si le lecteur veut se rendre compte du développement vraiment prodigieux de l'agriculture dans ces régions, nous l'engageons à consulter le volume si intéressant que vient de publier M. Arthur Buies : *Le Saguenay et la vallée du lac Saint-Jean*, étude historique, géographique, industrielle et agricole. — Québec, 1880.

Montréal (autrefois *Ville-Marie*), fondé en 1642, sur la côte méridionale de l'île Montréal, au pied d'une petite montagne qui lui a valu son nom, est la ville la plus peuplée de l'Amérique anglaise, le principal dépôt des marchandises importées de la Grande-Bretagne, le centre du commerce intérieur des deux provinces d'Ontario et de Québec. Ces avantages, elle les doit à sa position, à la tête de la navigation transatlantique, à la facilité des communications avec le lac Ontario, les bords de l'Outaouais, le lac Champlain et toutes les parties d'un grand et fertile district agricole; — plus encore peut-être au zèle et à l'activité de ses citoyens et aux progrès toujours croissants de son industrie. Il y a une foule de puissantes compagnies commerciales et de fondations charitables, des sociétés de littérature, d'histoire naturelle, d'agriculture, d'arts mécaniques, d'éducation, etc., etc. Les édifices publics, les quais, l'entrée du canal Lachine et de la plupart des maisons sont en pierre de tailles tirées des superbes carrières de la montagne. La population était de 140 747 en 1881.

La ville des Trois-Rivières, après Québec la plus ancienne du pays, est agréablement située sur la rive nord du fleuve, à l'embouchure du Saint-Maurice, qui se jette dans le Saint-Laurent par trois bouches différentes, circonstance qui a valu à la ville le nom qu'elle porte. La position des Trois-Rivières, peu avantageuse pour le commerce intérieur, fait qu'elle augmente beaucoup moins rapidement que les autres villes. Elle possède un évêché, et un collège pour les études classiques. Les célèbres mines et forges de Saint-Maurice, situées à 3 lieues de la ville, sont exploitées depuis deux siècles. Population, 9296 habitants, en 1881.

La petite ville de Lévis, vis-à-vis de Québec. Population 7597 habitants.

Il y a un bon nombre d'autres localités qui mériteraient une description particulière, si les bornes de cet abrégé le pouvaient permettre.

Gouvernement de la province.— Son siège est à Québec. Ce gouvernement se compose d'un lieutenant-gouverneur nommé pour cinq ans par le gouverneur-général du Canada en conseil, d'un conseil exécutif de 7 membres, d'un conseil législatif de 24 membres nommés à vie, et d'une assemblée législative de 65 membres élus tous les 5 ans par un suffrage limité.

Législation civile. — C'est sur l'interprétation des *Coutumes de Paris*, dont nous avons parlé au commencement de cet ouvrage, que les tribunaux appuyèrent toujours la jurisprudence civile du Canada français jusqu'en 1866. A cette époque, les lois en vigueur dans le Bas-Canada, après avoir été soigneusement condensées par un comité composé de savants légistes, furent publiées sous le titre de *Code civil du Bas-Canada*. Ce code renferme, à peu de chose près, les dispositions du code civil français. Devant toutes les cours de justice de la province de Québec, l'avocat comme le plaideur peuvent user de leur langue maternelle.

Éducation publique[1].

Écoles supérieures ou universités. — Trois universités ont le pouvoir, en vertu de chartes royales, de conférer les degrés pour les sciences et les lettres : l'université catholique Laval à Québec (avec une succursale à Montréal) et les universités protestantes Mc Gill à Montréal et Bishop's collège à Lennoxville.

Écoles secondaires. — Se composent de 26 collèges classiques et 13 collèges industriels, et 204 académies, la plupart pour les filles.

Écoles normales. — Sont au nombre de 3.

Écoles spéciales. — On en compte 17, et elles comprennent 2 écoles des sciences appliquées aux arts, 12 écoles des arts et manufactures, un institut des aveugles, 3 instituts des sourds-muets.

---

1. Nous ne saurions trop engager le lecteur, curieux de se rendre compte du développement extraordinaire de l'instruction publique au Canada, et en particulier dans la province de Québec, à consulter le livre publié sur ce sujet en 1876 par M. Chauveau, ancien ministre de l'instruction publique dans la province de Québec, l'un des écrivains canadiens dont le talent fait le plus d'honneur aux lettres françaises.

Écoles primaires. — Elles se divisent en deux sections : les écoles primaires supérieures et les écoles élémentaires ; les premières sont au nombre de 365 et les secondes au nombre de 4159.

Le système de l'enseignement primaire franco-canadien a été reconnu et proclamé à la grande exposition de Paris en 1878 comme l'un des plus parfaits en vigueur dans le monde entier.

On peut dire que l'instruction est obligatoire, en ce sens que chaque père de famille est tenu de payer une certaine contribution annuelle affectée au soutien des écoles de son canton, pour chacun de ses enfants âgés de 7 à 14 ans, qu'ils suivent ou ne suivent pas les classes.

Sans entrer dans des détails d'organisation, nous ajouterons que la province est divisée en municipalités scolaires dont chacune est régie par cinq commissaires d'écoles. Mais quand une localité compte un certain nombre de familles qui ne partagent pas les croyances religieuses de la majorité des habitants, ces familles ont le droit d'avoir pour leurs enfants des écoles séparées, qui sont contrôlées par trois syndics. Chacune reçoit alors du gouvernement une subvention proportionnée au nombre des écoliers.

Ce dualisme est le corollaire du dualisme des religions et des nationalités qui se partagent ce pays. L'État protège également le Français et l'Anglais, et partant les deux croyances religieuses. Les deux corps de commissaires et de syndics représentent le peuple : ils administrent, suivant la loi, chacun pour ceux dont ils sont les mandataires ; donc pas de conflit de religion ni de nationalité.

Le tableau suivant donne pour l'année scolaire 1878-1879 le chiffre exact des maisons d'éducation ou écoles, des professeurs, instituteurs ou institutrices qui les dirigent, et des élèves qui les fréquentent, de chacune des grandes divisions qui constituent l'état scolaire de la province de Québec.

Étant admis que le chiffre de la population de la province soit aujourd'hui de 1 256 000 âmes, on trouve qu'il y a 1 élève par 5,5 habitants environ.

INSTITUTIONS.	ÉTABLISSE-MENTS	PROFESSEURS	ÉLÈVES
Université............	3	137	1075
Écoles secondaires. ...	244	1343	36787
Écoles normales........	3	51	327
Écoles spéciales........	17	80	1768
Écoles primaires.......	4524	5353	202694
	4781	6034	242651

Population et Religion. — Suivant le recensement de 1881, la province de Québec contient 1 359 027 habitants, classés comme suit, savoir : d'origine française, 1 073 820 ; anglaise, 81 515 ; irlandaise, 123 749 ; écossaise, 54 923 ; allemande, 8 943. Il y a 7 515 sauvages. Le reste est d'origines diverses.

D'après les religions, la population est divisée comme suit : Catholiques, 1 170 718 ; église d'Angleterre, 68 797 ; méthodistes, 39 221 ; presbytériens, 50 287 ; juifs, 989 ; le reste appartient à divers cultes.

La population de la province a augmenté de 247 461 âmes depuis le recensement de 1871.

Sauvages du Bas-Canada. — Les principales nations sauvages qui habitent encore le Bas-Canada sont les Iroquois, les Algonquins, les Abénakis, les Nippissingues, les Hurons, les Micmacs, et les Montagnais. Les Iroquois sont réunis en village au Sault-Saint-Louis, et à Saint-Régis, sur la frontière des États-Unis ; les Algonquins avec les Iroquois et les Nippissingues, au lac des Deux-Montagnes ; les Abénakis, à Saint-François, près du lac Saint-Pierre, et à Bécancour ; les Hurons, à Lorette, près de Québec ; les Micmacs, avec quelques familles de Malécites et d'Abénakis, à Ristigouche, vers l'entrée de la rivière de ce nom, à Cascapédiac, etc. Il y a aussi une centaine d'Algonquins dans le voisinage de Trois-Rivières. Les Montagnais n'ont point de séjour fixe et ils errent au loin dans les montagnes du nord, vivant uniquement de chasse et de pêche. Ils viennent traiter

APPENDICE.

189

avec les blancs aux postes situés à l'embouchure des principales rivières de la côte nord-est. D'autres tribus, ou restes de tribus, sont les Petits-Esquimaux, les Naskapis (Montagnais), les Têtes-de-Boule, les Warmontashings, etc.

Ceux qui sont réunis en village ont des champs de blé d'Inde, de froment, de légumes, etc., et quelques animaux; mais une grande partie de leur temps est employée à la chasse et à la pêche. Ils ont des églises, et des missionnaires demeurent avec eux ou les visitent régulièrement[1].

1. A proprement parler, il n'y a plus guère de sauvages aujourd'hui dans les possessions de l'Amérique du Nord, si ce n'est dans la Colombie anglaise, le Manitoba et le pays de la baie d'Hudson, où on en compte encore environ 80 000. En contat avec la civilisation, cette race disparaît tous les jours, avec une rapidité remarquable, sans qu'on puisse découvrir la loi physique qui condamne à l'annihilation les descendants de tant de nombreuses tribus.

Les Peaux-Rouges du Canada n'ont pas à se plaindre pourtant des vexations et des violences auxquelles on a pu attribuer leur dégénérescence en d'autres pays, dans les États-Unis, par exemple, les derniers débris des peuplades vivant sous la direction de leurs chefs, sur des territoires dont la propriété leur est garantie par des traités toujours observés. Ils ne peuvent pas non plus se plaindre d'être trop à l'étroit : leurs territoires sont immenses et la plus grande partie, encore inexploitée, leur est ouverte pour la chasse et la pêche.

Néanmoins, là comme ailleurs, la disparition s'accélère, et l'on peut calculer le jour où mourra le dernier rejeton de cette race infortunée.

FIN DE L'APPENDICE

TABLE

Montcalm et le Canada français.................................... 5
Hommages rendus a la mémoire de Montcalm............ 148
Notice sur le monument élevé a Québec, en 1862, en
   souvenir de la seconde bataille des plaines d'Abra-
   ham.. 157
Texte de la capitulation de Montréal.................... 159
Souvenir d'un voyage au Canada............................ 165
Découverte du Canada et premiers essais de coloni-
   sation... 169
La puissance du Canada (Canada Dominion)............... 173
Province de Québec... 177

FIN DE LA TABLE DES MATIÈRES.

Coulommiers. — Typ. P. BRODARD et GALLOIS.

www.ingramcontent.com/pod-product-compliance
Lightning Source LLC
Chambersburg PA
CBHW071951110426
42744CB00030B/740